AF309932

J. 1762.

15991

I. roza.

HISTOIRE

DES QUATRE

GORDIENS,

PROUVE'E ET ILLUSTRE'E

PAR LES MEDAILLES.

par Mr. du Bos.

A PARIS,

Chez FLORENTIN & PIERRE DELAULNE,
ruë S. Jacques, au deſſus de la ruë des
Mathurins, à l'Empereur.

M. DC. XCV.

AVEC PRIVILEGE DU ROY.

A MONSIEUR

BOURDELOT,

CONSEILLER DU ROY,

ET SON MEDECIN ORDINAIRE.

ONSIEUR,

Si les faveurs singulieres dont vous nous comblez tous les jours, nous inspirent de la reconnoissance, elles ne nous engagent pas moins à

EPISTRE.

vous la témoigner. Il y a long-temps que nous sommes persuadez de cette obligation, & l'occasion seule nous manquoit pour y satisfaire. Les sentimens d'un nouvel Auteur sur l'opinion des quatre GORDIENS s'offrent heureusement à nos desirs. Vous nous avez paru faire cas de l'Ouvrage ; & cette raison nous fait prendre la liberté de vous le dédier. Nous n'avons pas en cela moins d'empressement de vous persuader nôtre gratitude, que de faire connoître au Public le penchant naturel que vous avez pour tout ce qui regarde la Republique des Lettres, dont vos Ancêtres ont si bien merité, qu'elle en doit une espece de Tribut à vôtre Famille. Il est à propos qu'elle apprenne que vous marchez sur les traces sçavantes des BOURDELOTS ; que vous en augmentez chaque jour la gloire par vos soins ; & que vous luy faites esperer

ÉPISTRE.

de nouveaux avantages par le credit
que vôtre merite & vos emplois vous
ont acquis dans le monde. Il paroît
assez que feu Monsieur l'Abbé Bour-
delot vôtre Oncle ne se trompoit
point dans ses conjectures, lorsqu'il
a crû que vous soûtiendriez digne-
ment un nom si distingué parmi les
Sçavans du premier Ordre.

C'est la parfaite connoissance
de vôtre capacité qui a déterminé
Monseigneur le Chancelier à vous
donner depuis si long-temps à la
Republique des Lettres pour un de
ses Aristarques. Quand il n'y auroit que le choix qu'un Magistrat si
illustre a fait de vous pour cet employ,
& pour vous attacher à sa Personne,
cela convaincroit les plus difficiles à
souscrire à la gloire d'autruy ; Mais,
MONSIEUR, le rang auquel
LOUIS LE GRAND, vous a
élevé, surpasse infiniment tous les
Eloges que nous pourrions faire. Ce

ã iij

EPISTRE.

font là les fentimens du Public auſſi bien que les nôtres. Agréez, s'il vous plaiſt, que nous les conſacrions icy, & qu'en publiant combien nous vous ſommes dévoüez, nous vous aſſurions que perſonne n'eſt avec plus de reſpect & plus de reconnoiſſance,

MONSIEUR,

Vos tres-humbles & tres-obeïſſans ſerviteurs,
LES FRERES DELAULNE.

PREFACE.

LA science des Medailles n'est pas de meilleure condition que toutes les autres sciences. Elles ont eu leur commencement, elles ont eu leur progrès ; & les nouvelles découvertes qui s'y font de jour en jour, nous apprennent qu'elles n'ont pas encore atteint leur derniere perfection. Comme donc les Physiciens, les Astrologues, les Géometres ne peuvent justement condamner une opinion, parce qu'elle est inoüie & nouvelle; de même les Antiquaires ne doivent pas se soûlever contre un sentiment, parce qu'il est nouveau, & qu'il ne se trouve dans aucun Auteur. La verité est éternelle, mais les hommes ne

PREFACE.

meritent pas qu'elle fe prefente à
eux tout d'un coup ; il faut que
le temps & l'étude diffipent peu
à peu les tenebres qui la leur
cachent ; il faut que la raifon la
leur faffe embraffer prefque malgré eux , & qu'elle employe toute
fa force pour vaincre leurs préju-
gez , & la honte de reconnoître
qu'ils avoient efté jufques-là dans
l'ignorance ou dans l'erreur. C'eft
ce qui me fait hafarder de mettre
au jour la penfée que j'ay euë fur
les Gordiens , efperant que les
Antiquaires équitables , bien loin
de la méprifer pour fa nouveauté,
n'en feront que plus vivement
preffez de l'examiner à fond, &
peut-être même de la foûtenir par
des remarques plus fçavantes que
les miennes.

Jufqu'icy l'on n'a compté que
trois Gordiens dans l'Hiftoire
Romaine , je pretends y en trou-

ver quatre. Les Medailles m'ont ouvert ce sentiment, il me semble que l'Histoire l'a confirmé; & si je me trompe, j'auray du moins cette consolation, que le sujet dont il s'agit ne regardant ny la Theologie, ny la Medecine, mon égarement ne fera ny des heretiques ny des assassins. D'ailleurs, si les fautes sont pardonnables, c'est dans la vaste Science des Medailles, qui ne commence à sortir de son enfance que depuis trente ans. Temps bien court pour l'accroissement d'une Science. Les Antiquaires se bornoient à connoître les Medailles, à distinguer les testes & les revers rares d'avec les communs : La penetration des plus habiles n'alloit pas au delà de l'explication d'un revers, qui exposoit quelque celebre bâtiment, ou les trophées de quelque fameuse victoire. L'u-

PREFACE.

fage que l'on fait des titres des Empereurs, differemment reïterez, & des dattes dont elles font chargées, pour éclaircir beaucoup de points de l'Hiftoire & des Coûtumes anciennes, étoit entierement inoüi. Les Grecques mêmes qui font à prefent la plus belle partie des fuites, étoient inconnuës, & j'en appelle à tous les Livres d'Antiquariat imprimez avant 1660 pour prouver que l'on ne pouvoit pas feulement en dechiffrer les Legendes. Mais depuis ce temps-là, à quel ufage n'a-t-on pas étendu les Medailles ? La Chronologie, l'Hiftoire, la Geographie & la Mithologie fe font reffenties de leur utilité. Les Ecrits de Monfieur Vaillant, du P. Noris & de M. Toinard font venus : Combien d'éruditions avons-nous apprifes de Meffieurs Spanhein, Baudelot,

Fabreti , Bellori, Patin , Nicaife,
du P. Pagi ? Et de combien de
belles chofes le P. Hardoüin n'a-
t'-il pas rempli fes Livres ? Peut-
être cette Hiftoire fera - t - elle
affez heureufe pour attirer quelque docte Réponfe, & engager
quelques-uns de ces Meffieurs à
un profond examen de la chofe.
Je verray toûjours avec plaifir
mes raifons détruites par de meilleures ; c'eft en proteftant fincere-
ment de cette verité que je finis
une Préface , déja trop longue,
dans un temps où les amples Pré-
faces ne font gueres plus à la
mode que les gros Livres

Extrait du Privilege du Roy.

PAr Privilege du Roy donné à Versailles le 3. Juin 1695. Signé DE LA RIVIERE, & scellé du grand Sceau de cire jaune : Il est permis à FLORENTIN DELAULNE, Libraire-Imprimeur à Paris, d'imprimer, ou faire imprimer, vendre & debiter par tout le Royaume, en un ou plusieurs volumes, un Livre intitulé : *Histoire des quatre Empereurs Gordiens, prouvée & illustrée par les Medailles*, & ce pendant le temps *de huit années* entieres & consecutives, à commencer du jour que le Livre sera achevé d'imprimer pour la premiere fois, avec deffenses à tous autres d'imprimer, faire imprimer, vendre, debiter, contrefaire, ou vendre de contrefaits, sans le consentement dudit Delaulne, ou de ses ayans cause, à peine de trois mil livres d'amende contre les contrevenans, confiscation de tous les Exemplaires, & d'autres peines portées par ledit Privilege.

Registré sur le Livre de la Communauté des Libraires-Imprimeurs le onziéme Aoust 1695.
Signé P. AUBOUYN.

Achevé d'imprimer pour la premiere fois le 30. Aoust 1695.

f. Ertinger Sc:

F.P. Delaulne ex:
cum priv. Regis.

HISTOIRE

DES QUATRE

GORDIENS.

TOUT ce que je pourrois dire de l'utilité des Medailles, seroit fort au dessous de l'idée que l'on s'en est faite. Il y a peu de Sçavans qui n'ayent lû le beau Livre que Monsieur Spanheim nous a donné, sur leur usage & sur les avantages que l'on en peut tirer, & tous ceux qui l'ont lû, en sont demeurez convaincus. Mais rien ne releve plus l'utilité des Medailles, que l'obscurité qui regne dans l'Histoire de la plufpart des Empereurs Romains; elle est pleine de difficultez que l'on ne sçauroit résoudre sans leur secours, & il y a des endroits que l'on ne peut entendre, si elles ne les expliquent.

A

C'eſt par leur moyen que j'ay trouvé
dans l'Hiſtoire qu'il y avoit eu quatre
Gordiens, au lieu de trois que l'on compte ordinairement, & que j'explique
deux ou trois paſſages de Capitolin, auſquels on ne ſçauroit donner un ſens
raiſonnable dans l'opinion ordinaire.
Monſieur de Longpré eſt celuy qui m'a
donné les premieres ouvertures ſur ce
ſujet. Comme il ſçait non-ſeulement
amaſſer des Medailles, mais encore s'y
connoître, les differences qu'il remarqua
entre les Medailles que l'on donne toutes ordinairement à Gordien Pie, luy
firent penſer qu'elles ne pouvoient pas
appartenir au même Prince. Il me com-
muniqua ſes conjectures, & je vis d'a-
bord que les Medailles eſtoient de ſon
opinion. Cela me porta à conſulter
le peu d'Hiſtoriens qui nous reſtent
de ce ſiecle ; & bien loin d'y trouver quelque choſe qui détruisît le ſentiment de mon ami; au contraire, j'y
rencontrai beaucoup de paſſages qui me
parurent l'appuyer tout à fait. L'opinion de Monſieur de Longpré devint
bientoſt la mienne : elle m'avoit ſem-
blé au commencement un paradoxe,

mais enfuite elle me parut affez vray-
femblable, pour en faire part au public.
Il eft en droit de prononcer fur tout ce
qui s'appelle Nouvelle Découverte, &
c'eft lui qui nous apprendra ce que nous
devons penfer fur nôtre nouveau Gordien. Avant que d'expofer les preuves de
mon opinion, j'ay crû à propos de donner un plan de l'Hiftoire des Gordiens,
pour rendre mes raifons plus fenfibles,
& pour en faciliter l'intelligence à ceux
à qui l'Hiftoire Romaine n'eft pas tout
à fait prefente.

L'an de Jefus-Chrift 235.
& de Rome 988.

Maximin avoit réüni les fentimens du
Peuple & du Senat, qui n'avoient été
que trop fouvent partagez : Il étoit également haï de ces deux Corps; & depuis
que Rome étoit paffée fous la domination des Empereurs, s'il y en avoit eu de
plus méchans, il n'y en avoit pas encore
eu qui fe fût attiré plus univerfellement
l'averfion de tout le monde. Ce Prince
étoit né en Hongrie, mais il n'avoit de
barbare que la naiffance, dans un fiecle
où la cruauté eftoit le vice ordinaire des
Empereurs. La nature lui avoit donné

un corps d'une grandeur extraordinaire;
il avoit l'esprit vaste & entreprenant,
personne n'entendoit mieux que lui à
discipliner des troupes, aussi ne pardon-
noit-il presque jamais aux soldats, à
moins que des vûës particulieres ne l'o-
bligeassent à les ménager, intrepide dans
le péril, & rusé dans les affaires, rien
ne paroissoit au dessus de sa capacité;
mais son ambition avoit gâté son cœur,
ou l'avoit déja trouvé corrompu. Et
comme il n'aspiroit à rien moins qu'à
l'Empire, tous les chemins qui pouvoient l'y conduire, lui parurent legi-
times, & il ne chercha plus que ceux
qui pouvoient l'y mener plus prom-
ptement. La bassesse de sa naissance ne
lui avoit pas d'abord donné d'autre rang
dans les troupes, que celui de simple
soldat. La force & la grandeur de son
corps le distinguerent aisément de ses
camarades; & dès qu'il eut été fait Officier, sa valeur & son application au
service, le mirent bien-tôt au nombre des
meilleurs Capitaines de l'Empire. Ce fut
en cette qualité qu'il fut connu d'Alexandre Severe. Comme cet Empereur étoit
extrémement debonnaire, & que Maxi-

min fçavo t que l'on ne réüflit jamais
mieux qu'en fuivant fon naturel ; il eut
l'adreffe de s'accommoder à l'humeur
de ce Prince , fans trop contraindre la
fienne.

Ce fut par fon exactitude extraordinaire
à maintenir la difcipline militaire qu'il
gagna fes bonnes graces : cette exactitude étoit d'autant plus facile à Maximin , qu'elle lui étoit naturelle , & celle
de toutes les vertus qui gefnoit le moins
fon temperament. Alexandre Severe
avoit pour lors une grande guerre à foûtenir contre les Allemands. Les legions
que l'Empire entretenoit dans ces quartiers ne fuffifant pas pour combattre les
ennemis , dont toute l'Allemagne avoit
groffi les troupes , ce Prince augmenta
fon Armée par quantité de nouvelles
levées , dont il donna le commandement à Maximin , comme à un homme
capable de les difcipliner , & de leur
apprendre à faire la guerre. La valeur
de Maximin l'avoit fait eftimer generalement par tous les foldats ; & dès qu'il
eut entrepris de s'en faire aimer , il ne
fut pas long-temps fans s'acquerir leur
affection. Dès qu'il s'en vit le maître,

il fongea à les employer contre fon Souverain, & dans ce deffein il mania les
chofes avec tant d'adreffe, que fans trop
fe commettre, Alexandre Severe fe vit
affaffiner par fes propres foldats, qui
proclamerent auffi-tôt Maximin Empereur. Ce Prince perfuadé qu'il n'y avoit
que les foldats, qui l'avoient élevé à
l'Empire, qui l'y puffent maintenir,
changea tout à fait de conduite à leur
égard : Pour gagner leur affection il
avoit déja beaucoup relâché de fa premiere exactitude à les punir, & pour fe
les conferver, il fembla l'avoir oubliée
entierement. Le defordre devint bien-
tôt univerfel, & il parut d'autant plus
infuportable aux Romains, qu'il étoit
nouveau. Jufques-là, fi l'on en excepte
quelques occafions, les troupes avoient
toûjours vêcu avec beaucoup de difcipline, même pendant les Guerres civiles, temps où il eft fi difficile de la conferver. On s'en plaignit d'abord à
Maximin, mais le refus d'y mettre ordre, fit concevoir aux malheureux, que
pour changer de condition, il falloit
changer de Prince. Les vûës que l'Empereur avoit prifes pour de nouvelles

guerres, le rendoient sourd à toutes les plaintes que l'on luy faisoit contre les troupes, & les soldats qui sentoient le besoin qu'il avoit de leur secours pour se maintenir & pour executer ses desseins, devenoient plus insolens à mesure qu'ils devenoient plus necessaires. Pour surcroît de malheur, les grandes entreprises que meditoit Maximin le rendirent avare, & son génie porté à la cruauté, le poussa aisément à mettre en œuvre les Delateurs, moyen court & facile de remplir ses coffres. Cette espece de scélerats que l'on nommoit à Rome Delateurs, étoient des gens perdus d'honneur & devoüez à la tyrannie, que les mesiances éternelles de Tibere, & ses jalousies contre tout ce qu'il y avoit de grand dans l'Etat, avoient mis en lumiere. Leur emploi étoit de veiller à la conservation des Loix, & leur métier, de poursuivre en Justice ceux qui étoient devenus suspects aux Princes. Le crime dont ils pretextoient le plus ordinairement leurs accusations, étoit celui de leze-Majesté, comme le plus propre à rendre odieux ceux qu'ils vouloient perdre, & ceux qui eussent hazardé de les

A iiij

défendre. Si les accufez fuccomboient, comme il arrivoit ordinairement, les Delateurs avoient pour recompenfe une partie des biens des malheureux; & la plus confiderable étoit affectée au Fifc Imperial. Les bons Princes qui regnerent depuis Tibere, avoient bien fait tout ce qu'ils avoient pû pour détruire la race de ces infames, mais ç'avoit toûjours été fans effet; & comme il faut bien moins de temps au vice pour s'enraciner, que pour être extirpé, Maximin dés qu'il eut témoigné s'en vouloir fervir, en trouva fous fa main une fi grande quantité, qu'il fembloit que l'on n'eût jamais fongé à les détruire; il les employa également à perdre ceux que de grandes qualitez luy rendoient fufpects, & ceux que leurs extrêmes richeffes faifoient trouver coupables à un Prince qui croyoit en avoir befoin. Tout ce qu'il y avoit d'illuftre dans l'Empire, devint par là fon ennemi; la plufpart pour avoir fouffert, & les autres, parce qu'ils craignoient de fouffrir. Ils étoient encore mortifiez par les manieres imperieufes de l'Empereur, qui fuivant la coûtume des gens de neant

que la fortune éleve, traitoit avec une
hauteur infuportable les plus qualifiez
de l'Empire. Maximin ne ménagea pas
davantage le Peuple que les Grands.
Les plus méchans Empereurs avoient
toûjours tâché de le mettre dans leurs
interefts, & lui par une conduite oppo-
fée, fut jufqu'à s'emparer des trefors
des Villes. C'étoit des depofts que tout
le monde regardoit comme facrez. On
n'y touchoit jamais, que pour rétablir
les édifices publics, ou pour donner des
jeux au Peuple dans les folemnitez, qui
demandoient ces fortes de divertiffe-
mens. Rien ne contribua plus à le rendre odieux, que les démarches qu'il fit
pour s'approprier cet argent ; les plus
emportez des Empereurs, bien loin d'al-
terer les fonds deftinez à donner des jeux
aux Peuples, en avoient fait fouvent
reprefenter à leurs propres dépens : Le
crime parut inoüi à tout le monde, &
pour comprendre la haine que les Peuples de l'Empire Romain conçurent pour
lors contre Maximin, on n'a qu'à fe reprefenter quelle étoit leur fureur pour
les fpectacles.

Voilà à peu prés où étoit la fituation des esprits de tout l'Empire, quand on apprit à Rome que Gordien Affricain le pere avoit été proclamé Empereur en Affrique. Alexandre Severe predecesseur de Maximin l'y avoit envoyé environ cinq ans auparavant en qualité de Proconsul ou de Gouverneur de la Province, & une conduite fort sage, & tout à fait moderée, jointe à une haute naissance, l'avoient rendu d'abord extrêmement agreable aux Peuples de son Gouvernement. Peu de personnes dans tout l'Empire pouvoient se vanter d'être d'aussi bonne Maison que lui, Metius Marcellus son pere, descendoit de ces Gracques si fameux dans la Republique, & sa mere Ulpia Gordiana dont il portoit le nom, étoit de la famille de Trajan, un des plus grands Empereurs que Rome ait jamais eu. Sa naissance étoit soûtenuë par des biens considerables, qui le distinguoient autant de ses inferieurs, que le noble usage qu'il en sçavoit faire, le mettoit au-dessus de ses égaux. S'il n'eût fallu que gouverner un Etat paisible, la fortune ne pouvoit faire un present plus utile aux Romains, qu'en leur donnant

Gordien pour Empereur. Son âge de quatre-vingts ans lui donnoit une experience dans laquelle il n'y avoit pas d'évenement qui n'entrât. Il aimoit le repos & la tranquilité, sans toutefois être pareſſeux ; il avoit un amour extraordinaire pour la juſtice, & la rendoit luy-même avec connoiſſance & exactitude ; il n'étoit pas inſenſible à l'ambition ; mais ſa paſſion dominante, étoit de s'acquerir l'affection des Peuples, pour leſquels il avoit auſſi une tendreſſe de pere. Pendant toute ſa vie, & le peu de temps que dura ſon Empire, il ſacrifia tellement toutes choſes à cette paſſion, qu'on l'en pourroit blâmer, ſi un Souverain pouvoit jamais être blâmable pour trop aimer ſes Sujets, & pour vouloir en être aimé. Son naturel paiſible l'avoit porté à l'étude dans ſes premieres années : on veut qu'il eût fait des progrès conſiderables dans les ſciences ; on ne pourroit du moins douter qu'il n'eût été excellent Poëte, ſi cette qualité s'obtenoit à force de faire beaucoup de vers. Il avoit compoſé un Poëme Epique en trente Livres, qui comprenoit la Vie d'Antonin Pie, & de

Marc-Aurele , & il avoit appellé *Antoniniade* cet ouvrage, qui selon les apparences ne pouvoit pas être fort regulier. Quel qu'il fût, il est peri par un naufrage commun à tant d'autres écrits bons & mauvais. Gordien, encore assez jeune , avoit épousé Fabia Orestilla, fille d'Annius Severus, & il est important icy de remarquer qu'il en eut deux enfans , Gordien Affricain le jeune, Empereur comme son pere, & une fille nommée Métia Faustina, qui épousa dans la suite Junius Balbus, de qui elle eut un fils, connu sous le nom de Gordien Pie , & qui fut aussi Empereur. Gordien Affricain le jeune eut aussi un garçon, qui est nôtre nouveau Gordien confondu jusqu'icy avec Gordien Pie son cousin. Gordien Affricain le pere sortoit de son second Consulat, où il avoit été le Collegue d'Alexandre Severe, lors qu'il fut envoyé en Affrique. Il avoit exercé son premier avec Caracalla, & les Historiens remarquent qu'il avoit été assez bien auprès de ce Prince , nonobstant toutes ses bonnes qualitez. De si beaux endroits avoient joint l'estime des Affricains à l'affection qu'ils luy portoient lorſque la fortune l'éleva à l'Empire, par les mêmes moyens que Maximin avoit crû employer avec ſuccès pour diminuer le credit qu'il s'étoit acquis dans ſon Gouvernement, & dont ce Prince avoit pris ombrage. Il connoiſſoit Gordien; & comme il ne doutoit pas que ſa tyrannie n'eût rendu ſa domination odieuſe à tous les bons Romains, il haïſſoit ce Proconſul, qu'il ſuppoſoit ne pouvoir manquer de le haïr. Pour mettre cet ennemi hors d'état de ſe faire craindre, il avoit envoyé en Affrique pour Intendant un homme qui lui étoit entierement dévoüé, & qu'il croyoit capable de s'oppoſer à la trop grande autorité du Gouverneur de la Province. Cet Officier au lieu d'enlever à Gordien l'affection des peuples par les mêmes voies dont s'étoit ſervi ce Proconſul pour la gagner, contribua au contraire à affermir le credit qu'il vouloit détruire, en ſe rendant d'abord odieux aux Affricains par des exactions tyranniques.

Les efforts que toute la Province fit auprès de Maximin, pour l'obliger à rappeller ſon Intendant, furent inutiles, & n'eurent d'autre effet que de

perſuader cet Officier du credit qu'il
avoit auprès de ſon Maître ; il en devint
plus inſolent, & la haine des Affricains
croiſſant à proportion des incommodi-
tez qu'ils en recevoient, il s'en trouva
enfin accablé. Il avoit condamné deux
jeunes gens de bonne Maiſon, pour une
faute aſſez legere, à payer une groſſe
amende. La honte parut aux condam-
nez quelque choſe d'inſuportable, & il
n'y eut point d'extremité qui leur parût
ſi fâcheuſe, que l'affront de ſubir une
Sentence injuſte & ignominieuſe tout à
la fois ; ils trouverent moyen d'engager
dans leur parti quelques ſoldats de la le-
gion deſtinée à garder l'Affrique, & les
ayant joints à leurs amis & à leurs vaſ-
ſaux, ils furent attaquer l'Intendant de
Maximin, & cet homme qui n'étoit pas
en garde contre une pareille entrepriſe,
fut tué avant que d'avoir eu le loiſir de
ſe mettre en défenſe. Les conjurez ne
furent pas long-temps à s'appercevoir
de l'extrême peril où le coup qu'ils
venoient de faire, les expoſoit : ils
avoient offenſé cruellement un Empereur, qui n'épargnoit pas même le ſang
innocent, & qui pour faire valoir ſon

autorité , avoit interêt de punir les
meurtriers d'un de ses Officiers avec
la derniere severité , il n'y avoit pas
moyen de se dérober à la vengeance de
Maximin , tandis qu'il resteroit le maître
en Affrique ; c'est ce qui les fit résoudre
à ménager une revolution dans la Province , qui devoit donner à l'Empereur
tant d'affaires , qu'il n'auroit pas le loisir de songer à les punir. Persuadez
de la haine universelle que tout l'Empire portoit à Maximin , ils ne doutoient
pas que ceux qui se declareroient les
premiers contre ce Prince ne fussent
suivis de bien d'autres ; & c'est ce qui
les encouragea à entreprendre une de
ces actions temeraires , que les plus
heureux succès ont encore bien de la
peine à justifier ; c'étoit de proclamer
Empereur Gordien , sûrs à la verité de
mettre dans leur parti toute la Province , s'il acceptoit l'Empire ; mais in-
certains de la resolution qu'un vieillard
aussi moderé que lui prendroit. Dans
cette situation , les conjurez resolus de se
declarer , furent chercher Gordien à
Thysdra , Ville considerable de la By-
zacene , & le trouverent sortant de l'Au-

diance, que fa Charge de Proconful l'o-
bligeoit de donner aux Peuples. Ils lui
firent d'abord entendre ce qu'ils fou-
haittoient de lui , & lui demanderent
qu'il voulût bien délivrer le monde de
la tyrannie de Maximin. Gordien qui
comprit auffi-tôt les perils où il s'ex-
pofoit lui & fa famille, & que ce qu'on
demandoit de lui n'étoit pas fi facile,
parla d'abord de refufer l'Empire. Les
autres, après avoir inutilement tâché de
réveiller fon ambition , s'apperçurent
bien que la crainte feroit toûjours la
plus forte dans l'efprit d'un vieillard.
Ils l'attaquerent donc par ce foible, &
fçurent lui reprefenter fi efficacement,
qu'il n'y avoit pas de milieu entre le
Thrône & le précipice , pour un fujet
auquel l'on a offert l'Empire, qu'il fe
rendit enfin à leurs inftances. Ce ne fut
pas fans protefter que s'il acceptoit la
fouveraine Puiffance , c'étoit pour tâcher feulement de mettre fa famille à
couvert de la vengeance de Maximin,
qui ne pourroit jamais lui pardonner
d'avoir été trouvé digne d'occuper fa
place. Gordien ayant été proclamé Empereur à Thyfdra, n'y refta qu'autant de

temps

temps que le demandoient les affaires de la Province : aussi-tôt qu'il y eut mis ordre, il partit pour Carthage. Cette Ville, qui pour le nombre de ses Habitans, & pour son opulence, ne le cedoit qu'à Rome, & le disputoit même à Alexandrie, qui passoit ordinairement pour la seconde Ville de l'Empire, parut au nouvel Empereur plus commode que le lieu ordinaire de sa residence, pour faire les préparatifs d'une guerre qu'il jugeoit inévitable. D'ailleurs la mer lui donnoit à Carthage plus de facilité pour envoyer & recevoir des nouvelles d'Italie, & pour faire réüssir les mesures qu'il prenoit pour mettre Rome dans son parti. Il arriva à Carthage avec toutes les marques de l'Empire ; & faisant porter devant lui le feu qui en étoit une des principales. Le peuple qui l'aimoit comme son pere, & qui avoit déja éprouvé la douceur de son Gouvernement, reconnut sans peine le Proconsul pour son Souverain. Il fit avec plus d'allegresse que de coûtume ce qui s'execute en pareille rencontre, & ce fut en témoignant les plus grands transports de joie, qu'il brisa les statuës de

B

Herod. lib. 7.

Maximin, & qu'après les avoir traînées
dans la bouë ; il mit en leurs places celles du nouvel Empereur, ornées de
fleurs & couronnées de lauriers. Le Peuple de Carthage servit d'exemple au
reste de la Province, & en fort peu de
jours Gordien se vit le maître de tout
ce que les Romains avoient conquis en
Affrique, avec tant de peines & tant de
longueurs. Ces revolutions extraordinaires, & qui surprennent si fort ceux
qui n'ont pas d'habitude avec l'Histoire
de l'Empire Romain, n'ont rien qui étonne ceux qui ont étudié la constitution
de cet Etat, & les ressorts qui le faisoient mouvoir. L'Histoire des Empereurs, n'est quasi qu'un tissu de semblables évenemens, & comme ils n'arri-
voient jamais, sans causer de grandes
effusions de sang & sans affoiblir beaucoup l'autorité du Gouvernement, ils
ont insensiblement alteré l'Empire Romain, & ont enfin causé l'entiere ruine
d'un état qui auroit duré toûjours, s'il
ne se fût détruit lui-même.

Les premiers soins du nouvel Empereur, furent de mettre Rome dans son
parti. Il y envoya pour cet effet un nom-

bre honorable de Deputez, parmi lef-
quels Zozime remarque, que Valerien
qui fut depuis Empereur, étoit déja
confiderable. Ils étoient chargez de Lettres fort honnêtes pour le Peuple, &
pour le Senat. Capitolin nous a confer-
vé celle qu'il écrivoit au Senat, & nous
voyons qu'il luy mandoit, que bien
que les Affricains l'euffent proclamé
Empereur, & qu'il eût déja pris les marques de l'Empire ; ce ne feroit neçan-
moins qu'après fon confentement qu'il
s'en croiroit veritablement le maître.
Son autre Lettre étoit remplie de tout
ce qui pouvoit gagner le peuple & les
foldats, & il leur promettoit des lar-
geffes extraordinaires en bled & en
argent.

Gordien ne fe repofa pas tellement
fur l'effet que devoient produire fes
Lettres chez des perfonnes animées déja
contre fon ennemi, qu'il ne prit d'ailleurs toutes les mefures neceffaires pour
lever les obftacles qui pouvoient empêcher que Rome ne fe declarât pour
lui. Vitalien étoit à craindre, & le mal
qu'il pouvoit faire, fut caufe que l'on
fongea d'abord à le mettre hors d'état

B Ij

de nüire. Ce Vitalien commandoit à Rome ce qu'on appelloit *Militia urbana*, les Troupes de la Ville. L'Auteur de la nouvelle Histoire des Empereurs, croit qu'il faut entendre par là ce qui êtoit resté de Cohortes Prétoriennes à Rome ; mais ceux qui connoissent l'Empire Romain ne seront pas de son avis ; *Militia urbana*, comprenoit non seulement les seize cohortes Pretoriennes, mais aussi les quatre cohortes destinées à la garde de la Ville, *Cohortes urbanæ*, & les troupes qui faisoient le guet la nuit dans les ruës & au Palais : *Vigiles & speculatores*. Le chef de tant de troupes, n'étant pas un ennemi aisé à abattre, si on l'entreprenoit à force ouverte ; Gordien pour s'en défaire, eut recours à l'artifice. Il envoya à Rome le Questeur de sa Province, homme de teste & de main, sous pretexte de rendre à Vitalien des dépêches pressées, dont il avoit été chargé par Maximin, il se fit introduire dans son cabinet, où il le renversa mort d'un coup de poignard. Personne n'en fut allarmé, & bien des gens même crurent que cet assassinat se faisoit par ordre de

Tacit. Hist. lib. pri. sect. 89.1.sect. 11.93. & 94.

Ces troupes faisoient environ 25000. hommes.

Maximin, qui avoit accoûtumé de se défaire de cette maniere de ceux qu'il a-
voit interêt de perdre. Dés que les Deputez de Gordien virent mort le seul
homme qu'ils redoutoient, ils s'ouvrirent à Syllanus pour lors Consul, qui
fit assembler le Senat extraordinaire-
ment le 27. May de l'année de Rome,
990. Il exposa d'abord l'Histoire de
l'élection de Gordien, & dit ensuite qu'il
étoit de l'interest de la Republique de
se declarer pour lui, & que le temps
étoit venu de changer un Empereur aussi
cruel que Maximin, contre un Prince
juste & debonnaire. Il lût aprés son
discours la Lettre que Gordien écrivoit
au Senat, & sa modestie charma tellement toute l'Assemblée, que sans une
plus ample déliberation, les Senateurs
proclamerent Empereurs & Consuls
les deux Gordiens pere & fils, ils de-
cernerent la Preture à un troisiéme
Gordien, fils de Gordien Affricain le
jeune, & celui que nous croyons jusqu'ici avoir été inconnu, & le declarerent en même-temps Cesar.

L'on proscrivit aussi Maximin & son
fils, & les Senateurs tout d'une voix

les declarerent eux & leurs adherans ennemis de la Patrie. Ce qui se passoit
au Senat, vint bien-tôt à la connoissance du Peuple ; des amis du nouvel Empereur pour l'engager encore plus aisément
dans leur parti, firent courir en même-
temps des nouvelles supposées, qui di-
soient la mort de Maximin ; & comme
la populace croit avidement la mort
des Princes qui luy sont odieux, ce ne furent bien-tôt par toute la Ville que des
cris de joie, des acclamations en faveur
des Gordiens & des imprecations contre Maximin. Les Romains se porterent
à son égard aux dernieres extremitez
où peut aller une populace furieuse qui
cesse de craindre un Maître qu'elle hait
avec passion. Le moindre outrage que
l'on fit aux Statuës de Maximin & de
son fils, (chose sacrée chez les Romains)
fut de les briser. A voir l'acharnement
avec lequel on leur insultoit, on eût
crû que le peuple étoit persuadé que
cela feroit une peine extrême à Maximin, & qu'il se vangeoit par là des
maux que cet Empereur lui avoit fait
souffrir. Les Officiers de ce Prince vou-
lurent en vain s'échapper, la fuite réus-

fit à tres-peu, & les autres éprouverent
toute la fureur d'un Peuple qui punit
à son gré les Ministres de la tyrannie
d'un Prince qu'il croit mort.

Le bruit qui avoit couru de la mort
de Maximin s'étant bien-tôt dissipé, ce
fut au Senat à pourvoir aux perils dont
Rome & toute l'Italie étoient menacez
par la vie de ce Prince. Ce Corps choi-
fit les vingt Consulaires qu'il crut les
plus capables d'un emploi si difficile.
On ne s'assura pas encore tout à fait
sur leurs soins. L'ennemi étoit à la tête
d'une armée aguerrie & accoûtumée à
vaincre sous lui, on avoit peu de troupes que l'on pût lui opposer, & il le
falloit vaincre avec ses propres soldats.
L'on mit donc à prix la tête de Maximin, & l'on proposa à ses meurtriers
des sommes beaucoup plus considerables que celles des autres proscriptions;
le Senat voyant bien qu'il étoit im-
possible qu'une grosse somme d'argent
ne trouvât des traîtres, ou n'en fit dans
l'armée ennemie. Ses conjectures furent heureuses, & la proscription réï-
terée de Maximin eut, comme nous
le verrons dans la suitte, tout le suc-

cès que l'on en pouvoit attendre.

Tandis que ce que nous venons de raconter se passoit en Affrique & à Rome, ce Prince étoit en Thrace, & y faisoit la guerre aux Barbares avec assez d'avantage. Il y apprit tout à la fois que Gordien avoit été proclamé Empereur à Carthage, & reconnu à Rome en cette qualité, que tout suivoit l'exemple de la capitale de l'Empire, & qu'il ne pouvoit compter que sur son armée, encore la proscription devoit-elle la lui rendre suspecte. Des nouvelles aussi fâcheuses, étoient capables de faire entrer en fureur un Prince moins emporté que Maximin; je ne m'étonne donc pas de toutes les extravagances que les Historiens lui font faire dans cette occasion. Je croirois même que son transport auroit été jusqu'à vouloir arracher les yeux à son fils Maxime, si Capitolin ne nous apprenoit que ce jeune Prince étoit absent, lors qu'on instruisit Maximin de ce qui s'estoit passé contre lui à Carthage & à Rome. Il fit aussi-tôt assem- *Suessium.* bler ses troupes, & étant monté sur le Tertre, d'où le General avoit coûtume de haranguer ses soldats, il s'emporta

porta avec violence contre le Peuple Romain, & leur apprit qu'on vouloit lui ôter l'Empire. Quoi qu'il n'ait pû reciter qu'une Harangue, les Historiens en rapportent de fort differentes : celle que Capitolin nous a conservée, me paroît être la veritable. Elle est du moins la plus conforme au caractere de ce Prince, & à la situation de ses affaires. D'ailleurs Capitolin n'écrit pas de génie comme les autres Historiens ; il raconte simplement les faits & en Compilateur exact, il rapporte presque toûjours les pieces originales. Nous examinerons dans nos preuves la Critique que l'on a faite de cette Harangue ; il suffit à présent de remarquer que Maximin dit à ses soldats, que le Senat a fait Cesar un petit fils de Gordien, incident qui ne pouvant s'entendre de Gordien Pie, comme nous le dirons dans la suite, montre manifestement qu'il y a eu un quatriéme Gordien. Herodien semble dire que Maximin se mit aussi-tôt en marche pour descendre en Italie ; mais il n'y a pas d'apparence de pouvoir entendre à la Lettre le passage de cet Historien, puisque ce Prince ne fut tué qu'au Prim-

C

Anno urb. Chr. 991.

Pagi ad An. Ch. 258. in Cr. ad Ann. Baron.

temps de l'année suivante devant Aqui-lée, par le siege de laquelle il avoit commencé la guerre. Il y a donc beaucoup de vray-semblance que suivant l'opinion du P. Pagi, il employa le reste de l'année de Rome 990. à faire les preparatifs d'une guerre, qui ne pouvoit être que difficile, n'y ayant pas d'autre moyen de faire la paix avec le Senat, que de lui faire une vigoureuse guerre.

Tandis que les incidens que nous venons de raconter, se passoient en Europe, les choses changerent entierement de face en Affrique. Capellien avoit été fait Gouverneur de Mauritanie par Maximin, & il étoit actuellement à la tête d'une armée destinée à empêcher les Maures barbares de venir ravager les terres de ceux qui reconnoissoient la puissance de l'Empire, & à conserver par là l'abondance dans Rome, qui tiroit toutes ses provisions d'Affrique. L'importance de cet employ & le choix d'un Empereur qui se connoissoit en hommes, & qui sçavoit les employer, nous persuade que Capellien devoit être un homme de merite dans les armes. Son naturel genereux, & qui ne luy permettoit pas de faire une iujuſtice lorſqu'il n'y étoit pas obligé par des ordres précis de ſon Maître, l'avoit rendu aſſez agreable aux Peuples de ſon Gouvernement, & Miniſtre d'un Prince extrêmement haï, il ne laiſſoit pas d'être aimé. La jalouſie qui ne manque jamais de broüiller les Gouverneurs voiſins, ſur tout lors qu'ils ſont éloignez de leurs Maîtres, l'avoit commis avec Gordien. Celui-ci ſans ſonger qu'il étoit indigne d'un Empereur Romain de prendre la querelle d'un Gouverneur d'Affrique, avoit envoyé dès qu'il l'avoit pû faire un ſucceſſeur à Capellien. Cet homme qui peut-être n'auroit jamais ſongé à remüer, ſi l'on l'eût laiſſé en repos, entreprit auſſi-tôt de ſoûtenir le parti de Maximin, puis qu'il ne pouvoit plus conſerver ſon Gouvernement, s'il ne conſervoit l'Empire. Dans cette reſolution il ramaſſa ſes troupes avec beaucoup de diligence, & les ayant groſſies par la jonction des jeunes gens de ſa Province qui ſe trouverent en état de porter les armes, il ſe vit bien-tôt à la tête d'un corps d'armée conſiderable. Comme il ſçavoit que le

temps eſt le ſecours le plus neceſſaire à
ceux qui ſe revoltent contre leurs Princes, il tira droit du côté de Carthage, &
deconcérta par ce mouvement toutes les
meſures que l'on auroit pû prendre, pour
une longue & ſûre reſiſtance. Gordien
le pere raſſembla neanmoins malgré ſa
ſurpriſe le plus de troupes qu'il lui fut
poſſible; & comme ſon âge de quatre-
vingt ans le rendoit incapable des fatigues de la guerre, il mit à leur tête
Gordien Affricain le jeune ſon fils,
Prince, à qui il ne manquoit que l'experience pour être un grand Capitaine;
& ſi ſon pere avoit encore malgré ſon
grand âge toute la vigueur d'eſprit d'un
jeune homme, il avoit luy dans un âge
qui n'étoit pas encore trop avancé, toute la prudence du vieillard le plus con-
ſommé; mais l'impatience des Cathagi-
nois, dont ſon armée étoit preſque entierement compoſée, lui rendit inutile
toute ſa prudence. Ses troupes étoient
nombreuſes à la verité, mais ſans experience, & incapables de ſoûtenir l'effort
des vieux ſoldats de l'armée ennemie,
accoûtumée d'ailleurs à combattre & à
vaincre ſous ſon General.   Gordien qui

connoiſſoit ſon foible & ſes reſſources,
vouloit traîner la guerre en longueurs;
mais la jeuneſſe de Carthage nourrie à
l'ombre & dans le repos, étoit incapable de ſupporter les fatigues d'un long
campement , ſur tout pendant les cha-
leurs de l'Eſté, où l'on étoit pour lors
& dans des plaines où elles ſe font ſentir d'une maniere extraordinaire. Ils En 991.
demanderent donc bataille avec un em-
preſſement auſſi violent que ſi ils euſſent
été certains de la gagner ; & comme ils
faiſoient la partie la plus conſiderable de
l'armée, le General fut obligé de les mener à l'ennemy. Capellien qui connoiſſoit ſon avantage, avoit toûjours ſouhaité
d'en venir à une action deciſive ; & il fut
ravi de voir faire aux Carthaginois la
moitié du chemin. La bataille ne dura
pas long-temps , les Carthaginois qui
avoient herité du nom de leurs ancêtres, ſans avoir ſuccedé à leur bravou-
re , ne tinrent pas devant des troupes aguerries, & leur nombre quoique
fort ſupérieur ne balança pas même le
combat. Gordien fut tué après avoir
fait tout le devoir d'un Soldat & d'un
Capitaine , & pour comble de malheur,

C iij

les fuyards s'étans retirez à Carthage ne
manquerent pas, pour s'excuſer, de groſ-
ſir le nombre des troupes ennemies, &
de remplir toute la Ville de terreur & de
deſolation. L'arrivée de Capellien qui
pouſſoit ſes avantages, l'augmenta encore, & les Carthaginois incapables de
lui reſiſter, prirent le parti de ne pas
l'irriter davantage par une défenſe inutile, & lui ouvrirent les portes. Les
troupes de Maximin y entrerent comme
dans une Ville de conquête, & y com-
mirent tous les deſordres que peut commettre l'avarice du ſoldat, appuyée du
ſpecieux pretexte de vanger la Majeſté
du Prince. Après avoir volé les hommes, ils pillerent les Dieux, & dé-
poüillerent les Temples des ornemens
& des offrandes, que la religion des
Peuples y avoit conſacré. Gordien Affricain le pere en uſa en vrai Romain,
quand il vit ſon fils mort, & ſon ennemi
le maître de Carthage, il réſolut de pré-
venir par une mort volontaire, la honte
de la captivité & la vengeance de Maximin; & il executa cette reſolution en s'é-
tranglant lui-même. Le Peuple qui ſe plaît
à attribuer les évenemens les plus ordi-

naires à des causes extraordinaires,
publia que sa mort étoit l'effet du
courroux des Dieux, qui cependant ne
pouvoient haïr Gordien sans quelque
sorte d'injustice. On prétendit même
qu'une pluye orageuse tombée imme-
diatement avant le combat luy avoit pré-
dit son malheur ; mais il y a beaucoup
d'apparence que la valeur des troupes de
Capellien eût plus de part dans sa dé-
route que l'influence des Astres , ou le
courroux des Dieux. Gordien Affricain
le pere étant assez connu par ce que
nous en avons dit ci-dessus, il suffira
d'instruire le Lecteur que Gordien Affricain le jeune mort à la bataille, étoit
agé d'environ quarante-six ans , lors
qu'il perit. Son habileté en Droit l'a-
voit fait connoître d'Alexandre Severe,
Cet Empereur lui donna d'abord une
place dans son Conseil, & l'envoya ensuite en Affrique, en qualité de Lieu-
tenant du vieil Gordien à qui il venoit
de donner le Gouvernement de cette
Province. Ainsi que son pere, il s'appelloit *Marcus-Antoninus-Gordianus-
Affricanus.* Herodien veut qu'ils n'eussent pris ce dernier nom qu'en conside-

C iiij

ration de la Province qui les avoit reconnu Empereurs, mais d'autres veulent
que ce fut en memoire de Scipion l'Affricain, dont ils croyoient être ou parens ou alliez.

Pour faire connoître ces deux Princes plus particulierement, j'ay jugé à
propos de faire ici graver leurs Medailles. La difference qui se rencontre entre
le visage d'un homme de quatre-vingt
ans & celui d'un homme de quarante, y
est extrêmement sensible, & il suffit d'a-
voir des yeux pour distinguer celle du pere d'avec celle qui appartient au fils. On
lit dans l'Histoire des Empereurs qu'un
fort habile homme a donnée depuis
peu, que les Medailles du fils se distinguent particulierement de celles du pere,
en ce que les Medailles du dernier, joi-
gnent à ses titres la qualité de grand
Pontife, *Pontifex Maximus* ; & que
celles du fils, l'appellent simplement
Pontife, sans y ajoûter le titre de
Grand ; mais cette distinction est tout
à fait imaginaire, dès que Gordien Affricain le jeune a été Empereur, il s'en-
suit qu'il a été Grand Pontife, & il ne
faut qu'être initié de l'Histoire des Em-

pereurs Romains, pour sçavoir que la qualité de Grands Pontifes, de Tribuns du Peuple, &c. étoit unie inseparable-ment à l'Empire. Zozime nous apprend ^{Lib 1.} qu'environ ce temps-là, c'est-à-dire, avant la mort de Maximin, des Gordiens qui passoient d'Affrique à Rome, périrent sur mer, ce qui, comme nous le dirons plus amplement dans nos preuves, ne peut s'entendre que de nôtre Gordien. Les nouvelles de la mort des Gordiens, furent bien-tôt portées à Rome, & el-les y causerent une consternation extra-ordinaire parmy le peuple, qui craint & qui espere aisément. Le Senat après une meure déliberation, declara qu'il n'y avoit pas de sûreté à se soûmettre à Maximin, & qu'il y auroit beaucoup moins de danger à continuer la guerre qu'à faire une paix douteuse avec un en-nemy irrité & vindicatif. Les affai-res que devoit donner la continuation de la guerre, parurent en si grand nom-bre & si difficiles, qu'on ne jugea pas un seul homme capable de les conduire, l'on proclama donc tout à la fois Empe-reurs Pupien & Balbin. Jamais choix n'auroit été plus judicieux que celui du

Senat, & jamais Princes n'auroient mieux
soûtenu la majesté de l'Empire, si la
mes-intelligence n'étoit pas infaillible
entre deux Souverains, qui doivent com-
mander, avec une égale autorité. Balbin étoit d'une des meilleures Maisons
de l'Empire, & son cœur & son esprit
répondoient à sa naissance. Ses biens
immenses pour un particulier le faisoient respecter des Grands, & l'usage
qu'il en faisoit, l'avoit fait aimer du Peuple. Quoique ses principaux talens fussent pour la vie civile, il avoit neanmoins
été à la guerre, comme y alloient generalement tous les Romains, & il n'y
avoit passé ny pour méchant soldat, ny
pour mauvais Capitaine ; mais où il a-
voit le plus brillé, c'étoit dans ses deux
Consulats & dans le Gouvernement des
plus considerables Provinces de l'Empire, il y avoit fait paroître une connoissance consommée des affaires, & avoit
toûjours montré qu'il ignoroit moins
que personne, ce grand secret de l'Etat
de gouverner les Romains comme un
Peuple incapable de soûtenir une entiere liberté, & de souffrir une entiere
servitude. Balbin possedoit encore au

souverain degré, ce que les Romains appelloient Urbanité, mot que le terme de *sçavoir vivre*, ne rend qu'imparfaitement en nôtre langue, & l'on remarque même qu'il étoit Poëte passable & excellent Orateur. Son Collegue Puppien Maxime étoit aussi un homme d'un fort grand merite, mais d'un merite tout different. Né d'un pere obscur, il étoit le premier homme de sa race, & ne devoit son élevation qu'à sa propre vertu : son merite l'avoit fait monter jusqu'à la dignité de Consul, après l'avoir fait passer par tous les degrez qui pouvoient conduire un homme de la lie du Peuple à cette Magistrature. Au sortir de son Consulat, il eut successivement l'administration des Provinces armées & desarmées, & il se fit connoître par tout pour un homme qui entendoit assez bien les affaires, & qui sçavoit parfaitement la guerre. On appelloit pour lors Provinces armées celles qui avoient un corps de troupes, campant toûjours ; telles étoient l'Allemagne, l'Illirie, l'Angleterre, &c. Les desarmées étoient les Provinces qu'on n'avoit pas jugé necessaires de munir d'un pareil ſecours, comme étoient l'Italie, l'Achaïe, les Gaules, &c. Le Gouvernement des premieres ſe donnoit ordinairement par le Prince, & celui des ſecondes étoit à la diſpoſition du Senat. Au ſortir de ces emplois, Pupien fut fait Gouverneur de Rome, ſans jamais être cruel, il ſe montra toûjours inflexible, quand il s'agiſſoit de rendre juſtice ; & s'étant expliqué pluſieurs fois qu'il aimoit mieux bien faire, que de faire au gré du Peuple, on peut dire que lors qu'il fut élevé à l'Empire, ſi ſon auſterité digne des premiers temps le faiſoit plus eſtimer que Balbin, il étoit generalement moins aimé. Les Hiſtoriens ni les Chronologiſtes ne conviennent pas bien du jour qu'il fut élevé à l'Empire : mais le ſentiment le plus probable eſt, que ce fut le neuviéme de Juillet. Le Pere Petau neanmoins veut que ç'ait été le vingt-cinquiéme du mois de Juin précedent: mais deux puiſſantes raiſons nous autoriſent à ne pas ſuivre ce grand Homme. La premiere que les Conſuls avoient déja changé, & n'étoient plus les mêmes qu'au mois de May précé-

An. urb. 991.

Doct. Tem.l.11. c. 2.

Voyez l'Hiſt. des Emp.

dent. C'étoient Celfus Ælianus & Clau-
dius Julianus qui étoient Confuls lorf-
que Pupien & Balbin furent élûs Empereurs ; & quand au mois de May précedent les Gordiens avoient été proclamez Empereurs , le Confulat étoit
rempli par Syllanus & Cornelianus, &
perfonne n'ignore que c'étoit au premier Juillet que ce faifoit le changement des Confuls, ceux de l'année étant
entrez en Charge le premier Janvier,
en fortoient ce jour-là , & ils étoient
remplacez par ceux que l'on nomme
Suffetes. D'ailleurs les Auteurs nous ap-
prenent que lorfqu'on affembla le Senat
pour leur élection , on celebroit à
Rome les Jeux d'Apollon, & on fçait
pofitivement que c'étoit au mois de
Juillet que l'on en faifoit la ceremo-
nie. Le Senat qui venoit de mettre fur
le Trône toutes les vertus neceffaires
au Gouvernement des grands Etats, ne
fongea plus qu'à les mettre en œuvre à
propos. Pupien qui étoit reconnu pour
un General de cœur & d'experience ,
fut fupplié de prendre le commandement de l'Armée qu'on deftinoit contre
Maximin , & l'on abandonna la conduite

des affaires à Balbin , que sa douceur
rendoit plus propre à manier les esprits
& à gouverner le peuple , qu'à faire agir
des soldats , & à donner des batailles.
Au sortir du Senat, les deux nouveaux
Empereurs furent au Capitole, Siege des
Divinitez tutelaires de l'Empire , rendre les actions de graces , & offrir les
sacrifices que demandoit la Coûtume,
En un instant tout le Peuple eut appris
cette nouvelle ; & comme il souhaitte
toûjours des maîtres qui lui ressem-
blent , il apprit avec impatience l'é-
lection de Pupien, dont il connoissoit
l'austerité , rien n'étoit plus ordinaire
au Peuple Romain , que de passer du
tumulte à la sedition ; aussi vit-on bien-
tôt le Capitole assiegé par une populace
seditieuse & mutinée. Les sacrifices
que l'on offroit aux Dieux , furent in-
terrompus , & le Senat pour faire cesser
le tumulte , commença par s'informer
du Peuple de ce qu'il craignoit , ou de
ce qu'il souhaittoit. On répondit d'u-
ne commune voix , que l'on vouloit
avoir un Maître de la famille des Gordiens , que le Senat ayant nommé deux
Empereurs ; le Peuple Romain pouvoit

bien à son tour en nommer aussi un, que personne du Senat ne se retireroit chez luy, jusqu'à ce que les choses eussent été reglées comme ils le souhaittoient. Pupien & Balbin aprés avoir tenté differens moyens de calmer la sedition, furent enfin reduits au dernier qui leur resta, c'estoit de satisfaire le Peuple. Ils envoyerent chercher un petit fils de Gordien Affricain le pere par sa fille Metia Faustina, qui avoit épousé un Romain de qualité, Junius Balbus, & ce jeune homme qui jusqu'alors avoit été inconnu, fut proclamé Cesar, c'est-à-dire, fut designé l'heritier necessaire de l'Empire. Il n'est pas inutile de remarquer que voila le second Gordien proclamé Cesar en l'année de Rome 991. & nous ferons voir dans nos preuves, que ce ne peut être le même Prince à qui l'on ait toutes les deux fois conferé cette dignité. Un des premiers evenemens du nouveau regne fut l'Apotheose des Gordiens, qu'un Arrest du Senat declara être du nombre des Dieux. Il n'étoit pas permis à Rome d'adorer publiquement aucune Divinité que le Senat n'eût approuvé sa Reli-

gion & son culte, & c'est ce qui empêcha toûjours que les Juifs n'eussent
un libre exercice de leur Loy dans cette
capitale. C'étoit une coûtume où la po-
litique avoit plus de part que la devotion, les Romains n'étoient pas naturellement persecuteurs, & jamais ils n'ont
poursuivi par autorité publique d'autres
cultes que ceux qu'ils croioient contraires à l'interêt de l'Empire. Ces Arrests du
Senat en faveur des Empereurs morts n'é-
toient donc que declaratoires, & jamais
les Romains n'ont été assez abusez, pour
croire qu'un Arrest du Senat eût la force de mettre un homme au nombre des
Dieux, & rien d'ailleurs n'est plus contraire au systeme de leur Religion. S'il
est permis de comparer les choses sain-
tes aux prophanes, rien ne ressembloit
plus à ces Apotheoses que nos canonisa-
tions. Le Pape dans ces ceremonies ne
pretend pas mettre quelqu'un au nombre des Saints, mais declarer seulement
qu'un tel pour ses vertus ayant été reçû
dans le Ciel, il est permis à la pieté des
fideles de l'honorer comme tel, & d'im-
plorer sa mediation auprès de Dieu.
C'étoit là le sentiment du Senat & de

tous

tous ceux qui sçavoient leur Religion,
& je me suis senti porter à rendre cette
justice aux Romains, d'autant plus volontiers qu'il est à la mode plus que jamais de leur insulter là-dessus par des
froides railleries que l'on impute aux
Saints Peres, mal-entendus , & qui ne
peuvent manquer de paroître tout à
fait fades aux gens de bon goût, quand
bien mesme elles n'auroient d'autre défaut que d'être repetées une infinité
de fois , où il suffisoit de les mettre
une ou deux. Ces Auteurs devroient
songer que mesme pour les meilleures
choses, les redites ont un droit d'en-
nuyer, qu'elle ne perdent jamais. D'autres font sur ces apotheoses de perpe-
tuelles reflexions , qui pour être plus
veritables que les discours des autres,
n'en font pas moins rebutantes : Un
Chrétien sçait assez ce qu'il doit pen-
ser là-dessus, & les Pomponius Lætus
font si rares , qu'ils ne meritent pas
que l'on prenne des mesures contr'eux.
Ce Pomponius Lætus étoit un Gram-
mairien d'au-delà les Alpes , entêté
jusqu'à la folie de Rome & de ses coûtumes. Quoiqu'il fust né dans un siecle

D

Voſſi. de
Ar. Hiſt.
Pa. 33.

tout Chrétien, & long-temps après l'ex-
tirpation entiere du Paganiſme ; il pro-
feſſoit neanmoins cette Religion de tout
ſon cœur. Non content de celebrer la
fondation de Rome avec les mêmes
ceremonies qui ſe pratiquoient ſous Auguſte, il avoit dreſſé des Autels à
Romulus, & il ne tint pas à lui de
de devenir l'Apôtre du Paganiſme, il
ne lui manqua que des Diſciples. Il
ſeroit aſſez inutile de faire le détail des
ceremonies qui accompagnerent l'Apo-
theoſe des Gordiens qui a donné lieu
à cette digreſſion. Elles furent les mê-
més que celles qui s'obſervoient dans les
autres conſecrations, & preſque tout
le monde à lû Herodien qui nous les a
ſi bien décrites. Après avoir ſongé aux
affaires du Ciel, on penſa à regler celles
de la Terre. Pinarius Valens fut fait
Chef des Cohortes Pretoriennes, & l'on
donna à Sabinus le Gouvernement de
Rome. Pinarius Valens étoit un vieillard également recommandable par ſon
propre merite, & pour être l'oncle ma-
ternel de Pupien, qu'il avoit élevé avec
beaucoup de ſoin, & qu'il avoit fait
entrer dans le chemin de la Fortune,

Pour Sabinus, il étoit de la famille de
Trajan, & parrant fort consideré dans
l'Etat ; les Romains ayant une espece de
veneration pour tout ce qui apparte-
noit à cet Empereur, Mais le soin le
plus pressant des nouveaux Empereurs,
étoit de resister à Maximin, & ce fut
aussi à quoy ils s'appliquerent davantage, ils furent secondez par tout l'Empire, & la pluspart des Provinces qui
avoient reconnu les Gordiens, ayant
repris de nouvelles esperances à l'E-
lection de Pupien & de Balbin, envoyerent à l'envi des hommes & de l'argent. Les Peuples des environs du Rhin
se signalerent sur tous les autres. Pupien avoit été autrefois leur Gouverneur, & la haute estime qu'il avoit lais-
sée de lui dans le païs, les fit accourir
en grand nombre pour grossir ses troupes. Dès qu'il vit son armée en état,
il se disposa à partir, & commença
par donner au Peuple le combat des
Gladiateurs, divertissement dont les
Empereurs étoient obligez de regaler
les Romains lors qu'ils partoient pour
quelque expedition militaire. Soit qu'il
soupçonnât la valeur ou la fidelité des

Pretoriens, il negligea d'emmener avec
lui les Cohortes que Maximin avoit
laiſſées dans Rome, ce mépris irrita encore contre lui ce Corps ſi redoutable aux Empereurs ; & qui d'ailleurs
le voyoit avec chagrin ſur le Trône.
Pupien connoiſſoit trop bien ſes avantages pour aller attaquer Maximin qui
deſcendoit en Italie avec une armée toute compoſée de legions & de cohortes
aguerries & accoûtumées à vaincre. Il
voyoit d'un côté cette armée reduite à la
fatale neceſſité de combattre ou de perir
dès la premiere campagne, s'il pouvoit
lui fermer les paſſages de l'Italie, & de
l'autre, il conſideroit qu'en gagnant du
temps, il gagneroit tout, puiſque ſon
armée ſe groſſiroit chaque jour , &
qu'une infinité d'accidens , ſuites iné-
vitables de la proſcription de Maximin,
pourroient faire perir cet Empereur,
ſans qu'on hazardât rien pour le perdre. D'ailleurs il connoiſſoit dans ſes
troupes beaucoup plus de valeur que
d'experience, & ç'auroit été une temerité inſuportable de les aller expoſer
dès la premiere campagne contre des
ſoldats auſſi braves qu'eux, mais plus

aguerris, & qui n'avoient d'autre res-
source que leur épée. Il prit donc le
parti en prudent General de donner les
ordres necessaires pour empêcher Maximin de passer les montagnes, & d'entrer en Italie, & il campa à Ravenne
avec le reste de ses troupes, pour être
à portée de secourir les premiers attaquez. Mais il fut prévenu par Maximin, & ce Prince étoit déja descendu
dans la plaine, que l'on n'étoit pas encore en état de lui disputer le passage
des montagnes, aussi avoit-il fait une
diligence incroyable. Cet Empereur
étoit plus irrité que jamais contre le
Senat & contre le Peuple Romain ; la
mort des Gordiens lui avoit fait esperer qu'il pourroit se racommoder avec
la Republique ; mais Pupien & Balbin
faits Empereurs, l'en avoient desabusé,
& il étoit convaincu qu'il falloit dom-
pter les Romains, s'il vouloit redevenir
leur Maître. Il se prepara donc à descendre en Italie avec la plus belle armée que l'on y eût vû depuis celle de Severe. Outre ses legions, & le nombre
des troupes auxiliaires qui les accom-
pagnoit, on voyoit dans son armée un

grand nombre de cohortes de Maures, d'Allemands & de Gaulois. L'Auteur de la nouvelle Histoire des Empereurs confond ces derniers avec les legions du Rhin, en quoy je ne pense pas que les habiles gens soient de son opinion. On sçait assez que les legions n'étoient composées que de Citoyens Latins , les Gaulois & les autres Sujets de l'Empire faisoient les troupes auxiliaires , sans qu'il paroisse que dans cette occasion, ainsi que dans la pluspart des autres, on eut beaucoup d'égard à l'Edit de Caracalla qui s'étoit mis en tête de donner le droit de Bourgeoisie Romaine à tous les Peuples soûmis à l'Empire. Ces troupes auxiliaires étoient appellées de ce nom, parce que pendant la République ; elles étoient composées de soldats que les Alliez prêtoient aux Romains ; mais sous les Empereurs , on ne leur conserva que leur nom , & elles furent composées des sujers de l'Empire. Tacite appelle Troupes auxiliaires, les cohortes Gauloises qui servoient dans l'armée de Vitellius , lors qu'il faisoit la guerre à Othon , & il y avoit déja long-temps que tout ce qui s'ap-

pelloit Gaule étoit soûmis à Romē. La
fausse idée que bien des gens ont des
troupes auxiliaires de l'Empire Romain a donné lieu à cette digression qui
ne m'a point paru tout à fait inutile.

Ce fut donc vers le Printemps de l'année de Rome 991. que Maximin entra
en Italie. Il fut d'abord agreablement
surpris de trouver sans deffense les passages des montagnes, qui lui auroient
coûté bien du sang & bien de la peine
s'ils eussent été défendus; c'est pourquoi
il fit hâter la marche de toutes ses troupes qu'il étendit ensuite dans la plaine, & flatté d'un commencement si
heureux, la reduction de Rome lui
parut une chose facile. Il ne se pro-
mit rien moins que de faire avoüer au
Senat avant la fin de la campagne, qu'il
meritoit beaucoup mieux d'être son
Empereur, que ceux qu'il avoit élûs, &
qui n'auroient pû le défendre.

Rome, à la verité, pensa perir environ
ce temps-là, mais sans que Maximin y eût
contribué, puisque c'étoit par les mains
mêmes de ceux qui devoient la conserver. Deux soldats Pretoriens poussez
par leur curiosité, ou par quelque autre

motif., s'avancerent dans le lieu où se tenoit le Senat, beaucoup plus près que la coûtume ne le permettoit. Gallican & Mecenas tous deux Senateurs, traitant leurs actions d'insolence vinrent à eux, & les massacrerent à coups de stilet sur le fameux Autel de la Victoire. Les Pretoriens resolurent de vanger le meurtre de leurs camarades tuez, malgré leur innocence, dans un lieu qui devoit servir d'azile aux plus criminels. Ils commençoient déja à assieger le Senat, lors que le Peuple ayant pris les armes, & s'étant rangé de son parti, obligea les Pretoriens à se retirer dans leur camp. Il avoit été bâti sous Tibere par Sejan Chef des cohortes Pretoriennes, plutôt dans l'intention d'avoir toûjours un corps de troupes, rassemblé qui fut à sa devotion, que pour décharger les Bourgeois de l'incommodité des logemens. Comme les Pretoriens n'étoient pas disposez à soûtenir un siege, l'on n'eut pour les reduire aux dernieres extremitez, qu'à couper les acqueducs qui donnoient de l'eau au camp. La soif les rendit furieux, & ayant fait une vigoureuse sortie, il

repousserent

repousserent le Peuple bien avant dans la Ville. Ils s'aviserent ensuite d'y mettre le feu pour favoriser leur retraite, & pour distraire les habitans de leur venir couper le chemin de leur camp. Jamais Rome ni sous Sylla, ni sous Vespasien n'avoit été en aussi grand desordre. Le Peuple en fureur contre les Pretoriens étoit plus appliqué à leur nuire qu'à se conserver ; & ce fut en vain que Balbin employa son adresse & son autorité pour ramener les esprits, mais plutôt que de voir perir Rome qui avoit besoin d'un secours present, il eut recours à un remede qu'il ne devoit pas trouver fort agreable, ce fut d'interposer le jeune Gordien, qui cheri également des deux partis, n'eut qu'à se montrer pour les faire rentrer dans leur situation naturelle, tant il est vray que l'amour des Peuples & la valeur des soldats tiennent lieu, à ceux qui les conduisent, de merite & d'experience.

Les Romains eurent bien-tôt aprè tout sujet de se consoler de cet accident. On leur annonça tout à la fo la mort de Maximin & celle de son fil évenement qui détournoit un terrible

E

orage qu'ils avoient juſte ſujet de craindre de voir dans peu fondre ſur leur
Ville. Le Peuple étoit au Theatre quand
il reçût ces agreables nouvelles; & je
ne doute pas que ceux qui ont lû l'Hiſtoire Romaine avec attention, n'aient remarqué dans la mort d'Othon & dans
celle de la pluſpart des Empereurs emportez par une mort violente, qu'il y
avoit une eſpece de fatalité qui vouloit
que le Peuple appriſt toûjours la mort
de ces Princes dans des lieux deſtinez
aux plaiſirs. On eut d'abord de la peine
à croire cette nouvelle, quelque avan-
tageuſe qu'elle fût, on l'avoit déja dé-
bitée, & elle avoit été cruë fauſſement;
on étoit en garde contre, & l'on n'en
demeura entierement perſuadé, que lors
qu'elle eût été confirmée par pluſieurs
Couriers de Pupien. Comme le plus
beau jour eſt celui qui ſuit immediate-
ment la mort d'un Tyran, l'allegreſſe du
Peuple & du Senat fut extraordinaire,
& l'on compta pour une eſpece de bonheur à Maximin, de n'être plus en état
d'apprendre à quel point il étoit odieux
aux Romains. Cet Empereur, comme
nous l'avons déja dit, avoit paſſé les

montagnes qui bordent l'Italie dès le Printemps de l'an de Rome 991. sans trouver d'autres obstacles sur sa route, que la difficulté des chemins, & rompoit par là les mesures de Pupien qui avoit crû l'arrêter à ce passage. Ce General, dès que Maximin fut passé en Italie, se trouva dans la même situation où Othon s'étoit rencontré environ 170. ans auparavant, quand il s'agissoit de disputer l'Empire avec les Gene- *Cecina & Valens.* raux & les troupes que Vitellius avoit envoyé d'Allemagne contre lui. Pupien avoit ainsi qu'Othon dans son parti les grands noms du Peuple & du Senat, des ressources inépuisables pour faire subsister ses troupes, des soldats faits la plûpart à l'air du pays, & dont le nombre & l'experience augmentoient tous les jours. Tandis que l'armée en-nemie avoit un puissant adversaire dans l'air même qu'elle respiroit, n'ayant d'ailleurs pour elle que la valeur & l'ex-perience de ceux qui la composoient, en quoi, à la verité, elle étoit supe-rieure. Othon au lieu de suivre l'avis de Suetonius Paulinus, & de ruiner sans combattre l'armée de Vitellius, en lui

E ij

oppofant fes avantages, eut la temerité de vouloir mefurer fes troupes avec l'armée d'Allemagne, qu'une guerre prefque continuelle avec les Barbares avoit renduë la meilleure de l'Empire, incapable de fouffrir les inquietudes d'un homme qui ne voit pas de milieu entre le Trône & le precipice, il ordonna à fes Generaux de donner la bataille de Bedriac, qui fut fuivie de la defaite de fes troupes, de fon defefpoir & de fa mort. Un fi bel exemple rendoit Pupien plus retenu. Pour s'empêcher d'aller fe brifer contre le même écüeil, il prit le parti de laiffer combattre pour lui, le temps, les conjonctures & la majefté du Senat & du Peuple Romain capable de feduire la fidelité des foldats de fon ennemi. Dans le deffein de fe tenir fur la deffenfive, il fit faire le dégât par tout où l'armée ennemie pouvoit trouver des vivres, & mit en état de défenfe toutes les Villes qui pouvoient être attaquées. L'armée de Maximin fut d'autant plus furprife de fe voir accüeillir par la difette, qu'elle avoit compté fur une fubfiftance abondante & facile, dès qu'elle auroit mis

le pied en Italie. Les soldats ne purent
s'empêcher de murmurer, & l'Empereur naturellement assez severe & inte-
ressé d'ailleurs à faire un exemple, fit
punir les mutins peut-être un peu trop
severement. Ce châtiment irrita le mur-
mure de ses troupes au lieu de l'étoufer,
& fut la principale cause de la sedition
qui éclata peu de temps après. Aquilée, place située sur la mer Adriatique,
étoit alors par son commerce, & par la
multitude de ses habitans, une des Villes les plus considerables d'Italie. Sa
situation & les avantages que Maximin
pouvoit tirer de sa prise, avoient fait
connoître à Pupien & au Senat, que ce
seroit apparemment sur elle que tombe-
roient les premiers efforts de l'armée
ennemie. Dans cette persuasion, rien de
tout ce qui pouvoit retarder ou même
empêcher sa prise n'avoit été obmis.
On l'avoit fortifiée autant que le peu
de connoissance que l'on avoit pour
lors de l'architecture militaire, avoit pû
donner de lumiere. Les munitions de
guerre & de bouche necessaires à soûtenir vigoureusement un long siege, y
avoient été mises en abondance ; &

E iij

comme rien ne munit davantage une place qu'un bon commandement, Crifpin & Ménophile, deux des plus braves & des plus entendus foldats du party s'y étoient enfermez. L'évenement juftifia toutes ces précautions. Maximin dès qu'il fut entré en Italie, attaqua Aquilée avec toute la vigueur qui accompagne le commencement des grandes entreprifes. Les afliegez fe défendirent de même qu'ils étoient attaquez, & les femmes mêmes contribuerent à rendre la défenfe plus vigoureufe. Elles ne fe contenterent pas d'animer les hommes & leur averfion pour Maximin fut plus forte que l'amour fi naturel à ce fexe pour tout ce qui peut contribuer à fa parure. Les cordes qui fervoient à faire mouvoir les machines, vinrent à manquer, & elles fe couperent volontiers leurs cheveux, principal ornement des Dames Romaines, pour fuppléer à ce défaut. Une action fi genereufe ne demeura pas fans recompenfe, ces illuftres femmes reçûrent alors toutes les loüanges qu'elles méritoient, & le Senat pour leur affurer celles de la pofterité, fit bâtir après la levée du fiege un Temple ma-

gnifique dedié à Venus la Chauve.
L'Auteur de la nouvelle Histoire des
Empereurs, rapporte à cette occasion
une Medaille à qui il ne manque que
l'antiquité pour être des plus curieuses
& des plus considerables. L'on y voit
d'un côté la tête de Pupien & celle de
Crispilla sa femme, & au revers le
Temple dont nous venons de parler
avec cette inscription, *A Venus la Chauve.* Mais on peut assurer, sans être te-
meraire que cette Medaille est du nombre de celles qui ont été inventées à
plaisir ; elle ne se trouve, à ce que je
croy, que dans Menestrier, de qui nôtre
Auteur l'a prise, & le nom de Menestrier, & l'opinion que le Public a conçû de la capacité d'un homme qui vouloit parler de tout, sans presque rien
sçavoir, ne sont gueres propres à convaincre de l'existence d'une Medaille
qui ne se rencontreroit que chez luy.
D'ailleurs il n'est pas encore venu à ma
connoissance qu'il ait été jusqu'ici dé-
couvert aucune Medaille où il fût fait
mention de Crispilla femme de Pupien,
Quoiqu'il en soit, l'action des femmes
d'Aquilée fut couronnée d'un meilleur

C'est d'un autre Menestrier que du R. P. Menestrier Jesuite, dõt l'on entend parler ici.

E iiij

ſuccés que celle des femmes de Byſance, qui dans une pareille occaſion, ſacrifie-rent inutilement leurs cheveux pour empêcher Severe de ſe rendre maître de leur Ville. Les troupes de Maximin qui ne s'attendoient pas de trouver une ſi belle reſiſtance, ſe ralentirent tout à coup, les efforts que fit ce Prince pour les obliger à pouſſer le ſiege avec vigueur, ne ſervirent qu'à les irriter, & la diſette de vivres & de fourage, ache-va de les pouſſer à la revolte, comme au ſeul moyen de finir leurs incommo-ditez. Les plus mutins s'aſſemblerent un jour ſur le midi, & reſolus de maſ-ſacrer leur Empereur, ils avoient choiſi ce temps comme le plus propre à exe-cuter leur deſſein, parce qu'ils n'au-roient à combattre qu'une garde endor-mie à une heure que la Coûtume des Romains deſtinoit au ſommeil. Leurs meſures ſe trouverent juſtes, Maximin fut ſurpris endormi, & ſa garde qui faiſoit une ſentinelle peu exacte, n'eut pas le loiſir de ſe défendre. Neanmoins il ſe fit aſſez de bruit pour éveiller l'Em-pereur, qui ſortit auſſi-tôt de ſa tente: Surpris d'un pareil accident, il employa d'abord les menaces, & defcendit enfuite jufqu'aux prieres, pour tâcher de faire rentrer le foldat dans fon devoir, mais le tout inutilement, & fes difcours ne fervirent qu'à prolonger fa vie de quelques momens. On le maffacra lui & fon fils, & les principaux Miniftres eurent auffi le même fort, ils furent envelopez dans la haine que les foldats avoient conçû pour lui depuis fon Empire ; jufte punition d'un hommequi s'étoit fervi de ce moyen pour ôter l'Empire & la vie à Alexandre Severe auquel il avoit l'obligation de fa fortune. Ce Prince avoit cinquante-cinq ans lors qu'il fut tué ; il avoit époufé Pauline, & ce font les Medailles qui nous ont appris cette particularité de fa vie, qui ne fe trouve dans aucun Hiftorien. Sans doute qu'elle mourut long-temps avant fon mari, puifque l'on trouve une affez grande quantité de fes Medailles, qui marquent qu'elle avoit été mife au nombre des Déeffes, chofe qui n'a pû fe faire que du vivant de Maximin. Nous ne voyons pas que ce Prince ait eu d'autre enfant que Maxime qui perit avec lui : C'étoit un jeune Prince, d'une beauté & d'un air ſi charmant, que l'Hiſtoire en a fait une mention particuliere, & nous aurions de la peine à croire tout ce qu'en racontent les Ecrivains, ſi ſes Medailles ne les rendoient croya bles , & ne, depoſoient en leur faveur.

Quoiqu'il en ſoit, ce Prince n'a jamais été que Ceſar; & c'eſt avec raiſon que le Pere Pagi accuſe de fauſſeté deux Medailles rapportées par Goltzius, dans leſquelles il prend les titres d'Auguſte & d'Empereur. On ne les a jamais vûës que dans cet Auteur, & les Antiquaires n'ignorent pas que les Medailles de Goltzius ſont fort ſuſpectes, quand on ne les trouve que dans ſon Livre.

L'armée de Maximin témoigna peu ou point de douleur de la mort de ſon Maître ; les principaux des revoltez y donnerent les ordres ; & après avoir envoyé un Courier à Pupien pour l'avertir de tout ce qui s'étoit paſſé , les troupes reſterent auſſi tranquilement dans leur camp, que ſi elles s'y fuſſent aſſemblées par ſes ordres. Comme il importoit à l'armée d'avoir au plus vîte communication avec ceux d'Aquilée, on eut soin aussi de les informer au plutôt de la mort de Maximin ; mais ils refuserent d'abord de la croire, & prenoient cette nouvelle pour un stratagême de Maximin, qui desesperant de les prendre par force, vouloit en leur persuadant qu'ils n'avoient plus rien à craindre, rallentir leur vigilance, & donner lieu à quelque surprise. Ce ne fut donc qu'après avoir vû & reconnu la tête de Maximin, & que tout le camp eut rendu les hommages accoûtumez aux images des Empereurs & du Senat, que l'on ouvrit les portes de la Ville, & que l'on envoya aux soldats les secours necessaires. Ces images des Empereurs n'étoient autre chose que de grandes Medailles de métal, que l'on avoit coûtume de placer au-dessous des Aigles, enseignes des legions, ou des couronnes, enseignes des Cohortes.

Pupien aux premieres nouvelles de la mort de Maximin, quitta son camp de Ravenne, & se rendit devant Aquilée. Il prit le serment de toutes les troupes qui l'avoient assiegée, & après leur avoir fait quelques largesses, il les ren-

voya chacunes dans leurs quartiers.
Cet Empereur prit la route de Rome,
fans y mener d'autres troupes avec lui
que la Garde Allemande , & ce qu'il
avoit trouvé de foldats Pretoriens dans
l'armée de Maximin. Les Pretoriens étant
auffi puiffans à Rome , que Pupien le
fçavoit ; & d'ailleurs, ce que ce Prince
ne pouvoit pas ignorer , peu affection-
nez à des Empereurs qui étoient l'ouvrage du Senat ; il eft étonnant comment on ne penfa ni à les caffer ni à
les divifer. C'étoit mettre auprès de
leurs perfonnes une armée de mutins ;
les Pretoriens de Maximin avoient été
les troupes favorites , & celles qui a-
voient eu le plus de chagrin de fa mort,
& on les rejoignoit avec ceux qui
étoient reftez à Rome déja affez irritez
contre le gouvernement prefent , &
trop difpofez à une revolte. Cette po-
litique paroît d'autant plus extraordinaire dans un Gouvernement éclairé que
l'on fçait affez quelle étoit à Rome l'autorité des Cohortes Pretoriennes. Depuis que le fecret de l'Empire, que les
Empereurs fe pouvoient faire ailleurs
que dans le Senat, eût été divulgué ; el-

les étoient en poffeffion de défaire &
de faire à leur gré les Empereurs, &
fouvent même leur infolence avoit été
jufqu'à vendre l'Empire à la face de tout
Rome au plus offrant & dernier en-
cheriffeur. Les Pretoriens ne faifoient
d'abord que neuf Cohortes, mais dans
la fuite Vitellius les augmenta jufqu'à
feize de mille hommes chacune. Severe
en accrut encore le nombre, & fi nous
en croyons les Hiftoriens, il en fit quatre fois davantage qu'il n'en avoit trouvé. Sans doute que les Empereurs fui-
vans fe lafferent d'en entretenir un fi
grand nombre ; car nous ne voyons pas
que leur nombre approchât de foixante
mille hommes du temps d'Alexandre
Severe. Mais ce qui contribuoit encore
à les rendre plus puiffans, c'étoit l'u-
nion extraordinaire qui regnoit dans ce
Corps, & l'avantage qu'ils avoient de
fe trouver tout raffemblez & prefts à
agir, dans le camp bâti autrefois à ce
deffein par Sejan. C'étoit une petite
armée, chaque Cohorte ayant une compagnie de cavalerie pour la foûtenir
en campagne ; & c'étoit à la tête de ces
cavaliers que combattoient ordinaire-

ment les volontaires de qualité, & on a
vû plusieurs fois des Souverains, & mêmes des Têtes couronnés dans leurs premiers rangs. On choisissoit toûjours
les jeunes gens les mieux faits, & des
meilleures familles de Rome & de l'Italie pour remplacer ceux qui mouroient,
& cette coûtume fut toûjours prati-
quée par les Empereurs, si l'on en exce-

pte quelques-uns, qui, ou irritez contre
tous les Pretoriens, ou pour recompen-
ser leurs troupes, avoient cassé entiere-
-ment ce corps, & en avoient composé
un nouveau des meilleurs soldats des legions, la peine étant moins considerable dans le service des Pretoriens, & la
paye plus forte que dans les autres corps.
Mais dès qu'ils avoient une fois fait
cette reforme, les recruës se faisoient à
l'ordinaire ; & c'est ce qui rendoit ces
troupes extrêmement belles & brillan-
tes aux yeux des étrangers qui venoient
à Rome. Si les Pretoriens faisoient honneur à la majesté de l'Empire, ils étoient
fort incommodes à sa tranquilité : L'Auteur des Remarques qui sont à la fin de
Calcondile, les compare avec raison
aux Janissaires de Turquie ; mais je ne

ſuis pas en tout de ſon avis, & je croy
que les Pretoriens furent toûjours plus
puiſſans à Rome parmi un peuple où la
Monarchie ne fut jamais trop accreditée,
que les Janiſſaires ne l'ont jamais été
à Conſtantinople ; parmi des gens chez
qui l'obeïſſance au Prince fait une partie de la religion. Quoiqu'il en ſoit, les
Sultans ont été plus heureux que les Empereurs Romains à abaiſſer une puiſſan-
ce qui ne leur faiſoit ſentir que trop
ſouvent qu'elle étoit capable de leur
nuire : Mehemet Kiupruli a ſi bien ſappé
l'autorité des Janiſſaires, que ce Corps
n'eſt plus maintenant redoutable à ſes
Maîtres ; & par un contre-coup neceſſaire, fort peu craint des ennemis, au lieu
que l'autorité des Pretoriens a duré à Rome auſſi long-temps que l'Empire. Il étoit
neceſſaire aux Princes d'avoir toûjours
un corps de troupes capables de ſe faire
craindre & du peuple, & du nombre in-
fini d'eſclaves dont cette capitale étoit
peuplée, pour y conſerver la majeſté du
Gouvernement. Et comme on ne pouvoit affoiblir ce corps, ſans affoiblir
l'autorité des Princes, on ne pouvoit
auſſi le laiſſer tel qu'il étoit dans une

Ville pleine de luxe, & propre à cacher
le crime & les intrigues, sans qu'il fût
extrémement à apprehender ; mais c'est
assez raisonner sur ce sujet, revenons
à Pupien. Il étoit parti pour Rome,
comme nous l'avons déja dit, & y avoit
envoyé par avance la tête de Maxmin
& celle de son fils. L'allegresse du peuple recommença à la vûë de cet objet
qui l'asseuroit qu'il n'avoit plus rien à
craindre, il s'acharna sur ces miserables
restes ; & ce ne fut qu'aprés leur avoir
fait souffrir toutes les indignitez qu'in-
vente la fureur dans une ame basse,
qu'elles furent brûlées dans le Champ
de Mars. L'Empereur arriva peu de
temps après, & nonobstant le mécontentement des Pretoriens , toutes choses
resterent assez tranquiles jusqu'au mois
de Juillet suivant. Les Perses, les Goths
& les Carpes , commencerent alors à
remüer, & il fut resolu que les Empereurs iroient chacun à la tête d'une armée mettre ces Barbares à la raison ; &
l'on étoit si fort convaincu de l'affection
de tous les Ordres pour le jeune Gordien, que nonobstant son extrême jeunesse & son peu d'experience , on le
laissoit

En 991.

laiſſoit ſeul à Rome, à la tête des affaires. Les Pretoriens apprenant le dé-
part prochain des Empereurs, précipi-
terent l'execution du deſſein qu'ils a-
voient pris de s'en défaire, choſe qui
ſeroit devenuë fort difficile, quand une
fois ces Princes ſe ſeroient trouvez hors
de Rome, & à la tête d'une armée. Ces
ſoldats voioient à regret ſur le Trône
deux Princes qu'ils n'avoient pas élus,
& les y ſouffrir plus long-temps, c'étoit
donner atteinte au droit où les troupes
étoient depuis Galba, de donner des
Maîtres à l'Empire toutes les fois qu'il
en falloit choiſir. L'Election de Balbin
& de Pupien, étoit la premiere entrepriſe que le Senat eût fait hautement
ſur ce droit, & il étoit dangereux de
laiſſer établir une coûtume qui leur eût
fait perdre une infinité de profits, outre leur autorité. D'ailleurs il couroit
un bruit ſourd, que les nouveaux Empereurs aiant reconnu leurs veritables in-
terêts, avoient reſolu de caſſer tout le
Corps, à l'exemple de Severe & de Vitellius, & d'en former un nouveau de
ſoldats qui fuſſent à leur devotion. Ce
bruit trouvoit d'autant plus de croyan-

F

ce auprès des Pretoriens , qu'ils connoissoient bien eux-mêmes leurs mauvaises intentions , & qu'ils voioient d'ailleurs que la confiance des Princes étoit toute pour la garde étrangere. C'étoit un Corps composé de soldats étrangers, la pluspart Allemans, & que les Empereurs avoient accoûtumé d'approcher le plus de leurs personnes; comme gens dont la fidelité ne pouvoit être tentée par les engagemens du sang & par des interests de famille : Raison qui rendoit souvent les soldats Romains, suspects à leurs Maîtres.

Tac. an. li. 15. sec. 58.

Dans la resolution de se défaire des Empereurs , les Pretoriens ne cherchoient plus qu'une occasion favorable. Les jeux Capitolins estant arrivez dans ce temps-là, ils crurent qu'ils trouveroient moins d'obstacles pendant leur solemnité, à executer leur conjuration; ils s'en vinrent donc au Palais pendant ces Fêtes , & ayant forcé facilement une garde qui ne s'attendoit pas d'être attaquée, ils s'emparerent de la personne des Empereurs , & de celle du jeune Gordien , & aprés avoir fait souffrir à ces premiers mille indignitez , ils se

mirent en devoir de les emmener dans
leur camp. La conspiration n'avoit pû
se faire si secrettement que Pupien n'en
eût été averti, & pour la rendre inutile,
il donnoit dèja ordre de faire venir au
Palais toute la garde étrangere. Mais
Balbin qui n'étoit pas dèja en trop bonne intelligence avec lui, s'y opposa, dans
la crainte que Pupien ne voulût se servir à son préjudice de l'affection qu'a-
voient pour lui les Allemans. Malheu-
reusement pour lui on se rendit aux
raisons dont il pretexta sa défiance, &
l'apprehension d'un danger chimerique,
le precipita dans un peril veritable. Les
Allemans neanmoins ne laisserent pas
d'être avertis du peril où étoient leurs
Princes, ils prirent aussi-tôt les armes,
& se presenterent pour charger les
Pretoriens & les arracher de leurs mains.
Les plus braves tremblent toûjours,
quand ils commettent un crime, c'est ce
qui fit que les Pretoriens ne jugerent
pas à propos de soûtenir l'attaque d'une
garde brave & fidele, qui auroit com-
batu aux yeux de ses Empereurs, & pour
leur sauver la vie. Ils prirent donc le
parti de s'aller mettre à couvert der-

riere les murailles de leur camp , &
maſſacrerent auparavant Pupien & Balbin , n'y ayant plus pour eux aucune
ſûreté à les laiſſer vivre après les avoir ſi
cruellement outragez.   Le peuple ſe joi-
gnit bien-tôt à la garde Allemande , il
avoit goûté les douceurs d'un Gouvernement équitable & accredité , & la
perte de Maximin qu'il regardoit comme l'ouvrage de Pupien , l'avoit reconci-
cilié avec les Empereurs.   Les Pretoriens apprehendant de ne pouvoir reſiſter à des ennemis qui pouvoient d'a-
bord leur couper l'eau & les vivres ,
prirent le parti d'appaiſer le peuple. Ils
proclamerent Empereur le jeune Gordien , & le peuple s'appaiſa dès qu'il le
vit ſur le Trône.   Les Allemans d'un autre côté qui avoient été preſts à tout
entreprendre pour leurs Empereurs lorſqu'ils étoient encore en état de les re-
compenſer , ne ſe ſoucierent plus , ſe
voyans abandonnez du peuple , d'entreprendre une vengance difficile & in-
fructueuſe.   C'eſt ainſi que perirent
Balbin & Pupien , qui auroient été deux
des plus grands Empereurs de Rome,
s'ils euſſent regné ſeuls & ſeparcment.

La jalousie du Commandement inévitable entre deux personnes qui doivent partager également l'autorité Souveraine, les commit l'un avec l'autre, par la faute, dit-on, de Pupien qui ne pouvoit souffrir d'égal, quand Balbin ne vouloit pas de Superieur. Si leur prudence empêcha leur jalousie d'éclater, elle ne l'étouffa point, & ils en furent, comme nous l'avons vû tous deux la victime. Les Medailles de ces Empereurs acheveront l'idée que nous avons tâché d'en donner.

Les gens un peu versez dans l'antiquité, feront aisément reflexion en les voyant sur l'indifference où étoient les Romains de porter la barbe longue ou de se faire razer. Il n'y a donc point eu de temps, comme quelques-uns l'ont crû où la barbe fut à la mode chez les Romains, & d'autres où la Coûtume voulut que l'on se fit razer, puisque de deux Empereurs qui ont regné ensemble, Pupien est constamment representé avec une longue barbe. Au lieu que Balbin a toûjours le menton razé.

La promotion de Gordien IV. ou de de Gordien Pie à l'Empire, reçoncilia,

comme nous l'avons dit , le peuple &
les foldats , & Rome dès le jour même
rentra dans fa premiere tranquilité. Ce
fut donc au mois de Juillet de l'an de
Rome 991. que ce Prince fut élevé à
l'Empire ; & je ne puis goûter l'opinion
du P. Pagi, qui veut qu'il ait été Empereur dès le mois de May precedent.
Quoique ce fentiment foit celui du P.
Petau à qui l'Hiftoire & la Chronologie
ont de fi grandes obligations , il eft certain par Herodien & par les autres Hiftoriens (j'en excepte Eutrope) que Gordien n'a été Empereur qu'après la mort
de Pupien & de Balbin , & il n'eft pas
moins certain que ces Princes ne font
morts que dans le mois de Juillet de
l'an de Rome 991. Ils n'avoient été
élevez à l'Empire qu'au mois de Juillet 990. comme nous l'avons prouvé ci-
deffus. Or il eft conftant qu'ils ont
commencé la feconde année de leur Empire ; ce qui paroît & par l'autorité de
Capitolin, qui le dit expreffément, &
par celle des Medailles, Juges infailli-
bles de ces controverfes , lefquelles marquent *Tribunitia poteftate fecundum.*
Ceux qui voudront voir cette difficulté

éclaircie plus au long, peuvent confulter le troifiéme volume de l'Hiftoire des Empereurs, l'Auteur y a rapporté avec beaucoup d'érudition & d'exactitude les raifons des deux partis.

Je n'ay pas jugé à propos de pouffer plus loin cette Hiftoire, & d'écrire le regne de Gordien Pie; c'eft affez pour nôtre deffein d'avoir fait celle du temps où les quatre Gordiens ont paru; il fuffira de dire ici que ce Prince étoit d'un heureux naturel, & né avec toutes ces qualitez qui coûtent ordinairement tant de peine à acquerir aux autres hommes. Il pouvoit rendre l'Empire heureux, & l'être lui-même; & pour faire du bien, il n'avoit pas befoin de fe contraindre, auffi eft-il connu ordinairement fous le nom de Gordien Pie, c'eft à dire debonnaire. Different de tant d'Empereurs redoutez de leurs fujets, & méprifez par leurs ennemis. Il fe fit aimer de tous les Ordres de l'Empire, & dans un âge affez peu avancé; la vigueur qu'il avoit fait paroître à reprimer ceux qui fe vouloient prévaloir de fon bas âge pour infulter l'Empire, l'avoit dèja rendu redoutable aux ennemis, & tous les Hif-

toriens aſſurent que dans la guerre qu'il
ſoûtint contre les Perſes, il fit éclater
par tout cette valeur ſi neceſſaire aux
Princes. Enfin depuis Marc-Aurele,
l'Empire Romain n'avoit jamais eu plus
d'eſperance de reparer les plaies que les
guerres civiles luy avoient faites, que
ſous ce jeune Prince aimé de ſes peuples qu'il aimoit. Mais les artifices de
Philippe détruiſirent de ſi belles eſpe-
rances, & il le fit perir en Perſe dèja
vainqueur de ſes ennemis. Gordien ne
laiſſa pas d'enfans, il avoit épouſé *Fu-
ria-Sabina-Tranquillina*, fille de Miſi-
theus qu'il avoit fait Chef des Cohortes Pretoriennes. C'étoit un vieillard
d'experience, & qui avoit élevé ſon
Maître avec tout le ſoin & tout le fruit
poſſible. Il mourut devant lui, &
Philippe qui lui ſucceda à cette puiſſan-
te Charge, s'en ſervit pour perdre Gordien. Ce Prince étoit dans la dix-neu-
viéme année de ſon âge, & dans la
ſixiéme de ſon regne, lors qu'il fut tué.

Preuves

Preuves de l'Histoire.

J'AY fait aſſez entendre au commencement de ce Traité, quel étoit mon
opinion. Le ſentiment ordinaire veut
qu'il n'y ait eu que trois Gordiens, les
deux que l'on appelle ordinairement
Affricains, & Gordien Pie, & c'eſt à ces
trois à qu'on donne toutes les Medailles qui portent le nom de Gordien.
Je laiſſe aux Affricains toutes les Medailles qu'on leur attribuë; mais de
celles que l'on croit être ordinairement
de Gordien Pie, j'en retire celles qui
portent ſeulement le titre de Ceſar, &
au revers deſquelles on trouve les inſtru-
mens des ſacrifices.

Elles appartiennent, ſelon toutes les apparences à un nouveau Gordien juſqu'i-
ci inconnu, faute, à ce que je crois, d'a-
voir fait une attention ſuffiſante ſur les
raiſons qui l'indiquent. C'eſt ce Gordien
fils de l'Affricain le jeune, fait Ceſar,
en même-temps que ſon pere & ſon
ayeul furent faits Empereurs; & quand
j'aurai fait voir une fois ſon exiſtence,
je ne crois pas qu'on lui conteſte les

G

Medailles que je lui veux donner. Les
preuves sur lesquelles je pretens appuïer
mon sentiment sont de deux sortes. Je
tire les premieres des Historiens , &
les Medailles me fourniront les secon-
des.

Un puissant préjugé que les Historiens sont pour nous , c'est qu'il est im-
possible de les accorder dans le sentiment contraire , je ne dis pas les uns
avec les autres , mais quelquefois Capitolin avec Capitolin même. Ceux
qui sçavent combien sont foibles les
lueurs qui éclairent l'Histoire de ces
temps , trouveront mes preuves assez
claires ; c'est pourquoi je prie mes
Lecteurs de n'en pas juger par la netteté & l'exactitude des Histoires mo-
dernes , ni même par celle des premiers temps de la Republique. La pluspart des Historiens , comme Aurelius,
Victor & Herodien contemporain de
Gordien Pie , font ce Prince enfant de
Metia Faustina fille de Gordien Affricain
le pere , & de Junius Balbus qui l'avoit
épousée ; & d'autres Auteurs citez par
Capitolin , le font fils de Gordien Affricain le jeune. C'est une fâcheuse ex-

tremité que de pretendre qu'un des deux partis se trompe, & il n'y aura plus rien de constant dans l'Histoire, s'il passe une fois pour certain que des Auteurs contemporains se sont trompez sur le pere d'un Empereur qui a rempli près de sept ans la premiere place du monde. Herodien, comme tout le monde sçait, a vêcu sous ce Prince, & ceux que Capitolin cite déja comme anciens, n'en devoient pas être fort éloignez ; lesquels doit-on croire ? lesquels peut-on condamner ? Qu'un Historien fasse descendre Gordien Pie de Galba, & l'autre d'Othon, il n'y auroit pas grand sujet d'en être surpris ; les longües Genealogies, même dans les temps les plus éclairez, ont toûjours été sujettes à quantité de surprises, & à beaucoup d'alteration ; il y a toûjours eu des gens qui ont vêcu aux dépens de ceux qui nez Plebéens, se donnent pour Patriciens, & veulent à quelque prix que ce soit decorer leur salle, d'un long & illustre arbre Genealogique. Mais que peu de temps après la mort d'un Empereur né dans une des plus considerables familles de l'Empire,

dont le pere même a été ou gendre ou
fils d'un autre Empereur, on puisse se
tromper sur son pere, c'est ce qui ne
viendra jamais en pensée à un homme
qui raisonne. D'ailleurs, nulle cause
n'obligeoit Gordien Pie à faire un my-
stere de sa naissance, aussi voyons-nous
qu'Herodien qui écrivoit sous son regne
nous apprend qu'il estoit fils de Junius
Balbus, & jamais aucun Auteur ne lui
a reproché d'être né aux dépens de
l'honneur de personne.

Les loüanges que l'on donne aux enfans, rejaillissent ordinairement jusques
sur les peres, & apparemment le dixiéme siecle de Rome n'aura pas été plus
heureux que le nôtre. Gordien aura
été accablé comme un autre d'Epitres
dedicatoires, & de Poëmes qui n'auront
pas manqué d'instruire ceux qui ne l'auroient pas sçu d'ailleurs, à qui un Prince
si magnanime & si bien-faisant devoit
la lumiere du jour. Voilà l'embaras où
sont reduits ceux qui ne reconnois-
sent qu'un Gordien; mais si l'on veut
bien avec nous en faire deux, il ne
restera plus aucune difficulté. Herodien
aura raison, puisqu'il y aura un Gor-

dien fils de Metia Fauftina & de Junius Balbus, & les Auteurs citez par Capitolin n'auront pas tort, puifqu'il fe trouvera un Gordien fils de Gordien Affricain le jeune, fçavoir le nôtre. Il eft vrai feulement que Capitolin fe fera trompé, en faifant dire de Gordien Pie à Dexippe & à l'autre Hiftorien qu'il cite, ce qu'ils n'avoient dit que de nôtre Gordien ; & c'eft pour cela que cet Auteur a intitulé fon Hiftoire *de Tribus,* & non pas *de Quatuor Gordianis.* Capitolin eft un bon Compilateur, & le caractere de cette efpece de Sçavans eft affez connu. Ce font gens qui tendent plus à rapporter beaucoup de faits & à ramaffer les pieces originales, qu'à bien digerer ce qu'ils écrivent, auffi font-ils ordinairement affez malheureux, quand ils fe hazardent à parler de leur chef ; ce font, comme parle un fçavant Homme, les Porte-faix & les Crocheteurs des veritables doctes. Auffi dans tout ce difcours, nous ne nous appuyons pas fur l'autorité particuliere de Capitolin ; mais fur les pieces originales qu'il cite, telles que font par exemple l'Arreft du Senat, la Harangue de Maximin,

& divers paſſages de differens Auteurs;
choſes que le genie Compilateur ramaſ-
ſe avec la derniere exactitude. Le ſilen-
ce d'Herodien ſur nôtre Gordien, ne
peut pas nous être objecté de bonne foi;
les bornes étroites que ce Grec s'étoit
preſcrites en écrivant l'Hiſtoire d'un
temps auſſi fecond en évenemens conſiderables, que le dixiéme ſiecle de Rome,
ne lui permettoit pas de faire grande
mention d'un enfant qui n'a jamais été
Empereur, & dont la vie & la mort ont
été également obſcurcies par la vie &
la mort de ſon pere & de ſon ayeul.
Cet Auteur neanmoins nous en apprend
beaucoup, en diſant que Gordien Pie
avoit été inconnu juſqu'au jour de l'é-
lection de Balbin & de Pupien, qu'il fut
proclamé Ceſar. Cette obſcurité qui ne
convient pas du tout à un Prince qui
auroit déja été deſigné ſucceſſeur de
l'Empire, nous apprend que c'eſt un autre Gordien que Gordien Pie, lequel
avoit été proclamé Ceſar, lors que les
Gordiens Affricains furent reconnus à
Rome pour Empereurs. Mais il faut
entrer dans un examen plus particulier
de cette queſtion, qui doit faire une

de nos plus confiderables preuves.

Le titre de Cefar n'étoit pas chez les Romains le nom de quelque Magiftratu-re qui fe pût conferer à differentes re-prifes à la même perfonne. On défi-gnoit par là l'heritier neceffaire de l'Em-pire. Etre Cefar à Rome du temps de Gordien, c'eftoit être ce qu'eft en Al-lemagne, le Roy des Romains, le Dau-phin en France, & le Prince de Galles en Angleterre. Dès qu'une fois un Prince étoit revêtu de ce titre, il ne le quittoit que pour prendre celui d'Empereur, & lorfque l'Empire venoit à vacquer, il devenoit Empereur de droit. On voit affez par là, que fi je trouve deux Gor-diens proclamez Cefars en deux temps differens, cela fe doit entendre de deux Gordiens differens, & non pas de Gor-dien Pié feul. Or je trouve deux Gor-diens proclamez Cefar en deux temps dif-ferens; fçavoir un au mois de May, lorf-que les deux Gordiens Affricains furent reconnus Empereurs à Rome, & un autre au mois de Juillet fuivant, dans le temps de l'élection de Pupien & de Balbin. Voici l'Arreft du Sénat rendu au mois de May, pour reconnoître Empereurs les

An. urb. 990.

G iiij

Gordiens Affricains, il eſt dans la forme
autentique, & on ne peut pas revoquer
en doute l'autorité de cet acte. *Item*
Coſ. retulit. P. C. de Maximinis quid
placet? Reſponſum eſt hoſtes hoſtes, qui eos
occiderit præmium merebitur. *Item Cos.*
dixit: de amicis Maximini quid placet,
reſponſum eſt hoſtes hoſtes, qui eos oc-
ciderit præmium merebitur, & ita accla-
matum eſt, inimicus Senatûs in crucem
tollatur, hoſtis Senatûs ubicumque feria-
tur, inimici Senatûs exurantur, Gordiani
Auguſti Divos ſervent, ambo feliciter im-
peretis, nepoti Gordiani Præturam decer-
nimus, nepoti Gordiani Conſulatum ſpon-
demus, nepos Gordiani Cæſar appelle-
tur, tertius Gordianus Præturam acci-
piat. Voilà l'Arreſt du Senat, tel que
Capitolin le rapporte ; mais la Harangue
que Maximin fit à ſes troupes, lors qu'il
eut appris l'élection des Gordiens, eſt
encore auſſi forte pour prouver qu'il y a
eu un Gordien fait Ceſar au mois de
May de 990. Cet Empereur parle de la
haine que le peuple a témoigné contre
lui, & dit à ſes ſoldats : *Nec priùs*
permiſſi ſunt patres conſcripti ad Pala-
tium ſtipati armatis ire, quam nepo-

Capi. in
Maximi-
no.

tem Gordiani , Cæsaris nomine nuncu-
parent , & Gordianos patrem ac filium
Augustos vocarent. Cette Harangue que In Maxi-
Capitolin rapporte, a toûjours passé pour minis.
la veritable ; il est vrai que presque tous
les Sçavans ne songeant pas qu'il pouvoit
y avoir un quatriéme Gordien, l'ont
voulu reformer & en ôter l'endroit que
nous en avons cité, comme si il ne falloit pas en même-temps ôter aussi de
Capitolin l'Arrest du Senat que nous
avons allegué, lequel dit encore plus
expressément la même chose. Il est vrai
que dans l'opinion ordinaire où l'on ne
reconnoît qu'un Gordien, ces passages
sont inexplicables, puisqu'il est constant
que Gordien Pie n'a été fait Cesar qu'a-
près la mort des deux Gordiens Affricains, & la harangue de Maximin. Mais
dans nôtre opinion, il n'est pas besoin de
chicaner le texte de Capitolin. Nôtre
Gordien est celui qui fut fait Cesar au
mois de May, & Gordien Pie celui qui
obtint cette dignité au mois de Juillet
suivant. C'est de lui que parle Capitolin dans l'Histoire de l'élection de Balbin & de Pupien, lorsque le peuple &
les soldats effarouchez de la severité de

ce dernier vinrent au Capitole, en criant au Senat, *Gordianum Cæsarem omnes rogamus, hic nepos erat Gordiani ex filia*, & peu après, *inductus in Curiam Cæsar est appellatus.* D'ailleurs si Gordien Pie avoit été ce Gordien qui fut proclamé Cesar au mois de May; quand au mois de Juillet suivant l'Empire vint à vacquer par la mort des deux Affricains, le peuple n'eut pas seulement demandé pour lui la dignité de Cesar, comme il fit, mais l'Empire lui appartenant de droit, si le Senat se fût avisé de l'en exclure, il se seroit soûlevé hautement contre cette injustice, & c'est ce qu'il n'a pas fait. On peut nous opposer, qu'il n'y a pas d'apparence que du moins quelque Auteur ne nous eût appris ce que seroit devenu nôtre Gordien, si il avoit jamais existé. Cette objection seroit forte, si nous n'avions une réponse positive à donner. C'est Zosime qui nous la fournit. Cet Auteur nous apprend que les Gordiens firent naufrage, en faisant canal d'Affrique à Rome. Or ceux qui sçavent que les Livres ne s'imprimoient pas autrefois, mais qu'ils étoient décrits par des

Lib. 1.

copiftes, la plufpart du temps mal habiles gens, & qui cependant avoient une démangeaifon extraordinaire d'y faire des corrections, n'auront pas de peine à croire, que quelque demi-fçavant copifte aura crû faire merveille en fubftituant un pluriel à la place d'un fingulier, & en écrivant Γορδιανων pour Γορδιανον, parce qu'il avoit lû ou oüi dire autrefois qu'il y avoit eu deux Gordiens Affricains. Si nôtre conjecture paffe une fois pour veritable ; il n'y a plus à douter, puifque voilà un nouveau Gordien qui ne peut être aucun des trois connus ordinairement, le genre de fa mort étant tout à fait different du leur. Ce ne peut être Gordien Affricain le pere, mort comme nous l'avons vû dans Carthage, où il s'étrangla de defefpoir, après la perte de la bataille. Ce ne peut être non plus Gordien Affricain le jeune que nous avons vû perir fur terre, dans la bataille qu'il perdit contre Capellien. Enfin Gordien Pie n'eft mort que long-temps après les circonftances dont Zofime accompagne la mort de ce Gordien peri fur mer ; & perfonne n'ignore que cet Empereur eft mort vers l'Euphrate, fort éloigné de la mer & de l'Affrique; ce doit donc être un autre Gordien; & si cela est, c'est précisement le nôtre , auquel conviennent toutes les circonstances que Zosime rapporte de sa mort, comme d'avoir précedé celle de Maximin & de Maxime. Suivant ce que nous en avons déja vû , nôtre Gordien étoit apparemment un jeune enfant, que l'on envoyoit à Rome , pour conserver par sa presence l'affection que le Senat & le Peuple avoient témoigné pour sa famille. Il étoit fort important aux Gordiens de conserver cette affection, & pour l'entretenir il falloit lui montrer un objet auquel elle pût s'attacher. Le jeune & le vieux Gordien Affricains n'étoient pas pour lors en état de faire ce voyage ; les affaires que Capellien leur donnoit en Affrique, leur défendoient d'abandonner cette Province sur peine de la perdre Or pour conserver Rome, il falloit conserver l'Affrique , qui seule pouvoit y entretenir l'abondance. Comme l'Italie étoit fort peuplée , & que le grand nombre de Maisons de plaisance dont elle étoit couverte, laissoit assez peu de terres labourables, il n'y avoit pour l'affamer qu'à l'empêcher de tirer les bleds d'Afrique & d'Egypte ; & on sçait assez que quelque affection que le Peuple Romain témoignât pour un parti, il n'étoit jamais zelé que *usqué ad panem & circenses.* Les deux Gordiens Affricains étoient donc absolument necessaires en Affrique. Le pere pour manier les affaires du parti, & le fils pour le mettre à la tête de l'armée qu'il falloit mener contre Capellien ; car le grand âge empêchant Gordien le pere d'en être le General, on ne pouvoit en confier sans imprudence la conduite à un autre, puisque dans la situation où étoient les affaires toute la fortune du parti en dépendoit. Apparemment que dans la necessité où ils étoient de rester en Affrique, & d'envoyer quelqu'un de la famille à Rome, ils prirent le parti d'y envoyer nôtre Gordien, inutile à Carthage, à cause de sa jeunesse, & tres-utile à Rome, où il ne falloit qu'un Prince de sa famille, pour entretenir l'affection du Peuple, & où cette affection pouvoit faire tout le reste. Le chemin de Carthage à Rome est de prendre la mer, & sans doute nôtre jeune Prince sera peri par un

naufrage , accident aſſez ordinaire ſur
cet élement. Mais quand bien même,
ce que je ne crois pas , le paſſage de Zoſime ne pourroit pas ſouffrir une correction auſſi douce que celle que nous y
avons faite , il ne laiſſeroit pas neanmoins d'appuyer beaucoup nôtre ſentiment , excepté dans ce qui regarde la
Religion Chrétienne, dont Zoſime étoit
un zelé adverſaire , cet Auteur n'eſt
pas des moins ſinceres ; il faut donc qu'il
ait été trompé lui-même lors qu'il a
écrit que les Gordiens Affricains étoient
peris en faiſant canal d'Affrique en Italie. Or il ne l'a pû être , ſi veritablement quelque Gordien n'a fait naufrage
vers ce temps-là : Qui auroit donné une
penſée ſi étrange à un homme qui écrivoit l'Hiſtoire d'un temps dont il n'é-
toit éloigné que d'un ſiecle ou environ,
s'il n'avoit trouvé quelque choſe d'ap-
prochant dans les memoires dont il ſe
ſera ſervi, s'il n'eût été préoccupé par
ces memoires , & qu'il eût cherché à
s'inſtruire ſur la mort des Gordiens, il
avoit ſous ſa main quantité d'Auteurs
qui pouvoient le ſatisfaire. Herodien,
Capitolin, Dexippe, Junius Cordus , &

je ne ſçai combien d'autres Hiſtoriens
de ce temps-là l'avoient précedé, mais
Zoſime ayant lû dans quelques memoires, qu'un Gordien étoit peri ſur mer,
l'aura entendu des Affricains, & l'aura
écrit dans ſon Hiſtoire. Car enfin toutes les apparences ſont que Zoſime a
été trompé, & que s'il a fait la faute,
il l'a faite de bonne foi. Un Hiſtorien
qui déguiſe la verité, le fait ordinairement, ou pour embellir ſon Hiſtoire, ou
pour obliger quelqu'un; ou enfin parce
que le puiſſant motif de religion l'y en-
gage : Mais qui pouvoit prendre intereſt
du temps de Zoſime au genre de mort
des Affricains ? Qu'en revenoit-il à la
religion Payenne, que ces Princes fuſſent
peris ſur mer ou ſur terre ? Et quel ornement nouveau en tiroit-il pour ſon Hiſtoire ? D'ailleurs un Ecrivain, lorſqu'il
altere quelque choſe, il le fait toûjours
de maniere qu'il puiſſe être crû par ceux
pour leſquels il écrit. Quelque intereſt
même qu'il puiſſe y avoir, il ne nie jamais des faits de notorieté publique,
pour en ſuppoſer d'autres, ce ſeroit perdre toute croyance ; car quelque loin que
l'on pouſſe le Pyrrhoniſme de l'Hiſtoire,

le genre de mort des Princes peris en
public, & aux yeux de tout le monde,
n'eſt pas de ces évenemens qui s'enve-
lopent dans les tenebres du temps, &
ſur leſquels on peut impoſer. Si les
hommes ont beaucoup de pente à croire
des choſes ſemblables à celles dont ils
ſont perſuadez, ils ont une repugnance
invincible à croire des choſes entierement contraires à ce qu'ils ont crû juſqu'alors. C'auroit donc été une temerité inſuportable à Zoſime d'entreprendre de ſang froid de perſuader à ſes
contemporains que les Gordiens étoient
peris ſur mer, ſi veritablement il avoit
ſçû leur genre de mort, qui eſt ſi different d'un naufrage ; & jamais on ne croi-
ra que l'envie de dire quelque choſe de
nouveau, ait pû pouſſer juſques-là un
homme raiſonnable. On ne peut pas élu-
der auſſi l'autorité du paſſage de Zoſime,
en interpretant ce qu'il dit du naufrage
des Gordiens, d'un naufrage & d'une
tempête metaphorique, les mots qu'employe cet Hiſtorien, font voir qu'il ne
peut s'entendre que d'une veritable mer
& d'un veritable naufrage : τῶν δὲ βία
ἐν τῷ πλεῖν ἀπολυμένων. D'ailleurs ce qu'il
dit

dit qu'ils s'étoient embarquez pour paſ-
ſer en Italie, doit convaincre les plus obſ-
tinez. Dans l'examen de ce chapitre, il
eſt bon d'avertir que j'ai mis le mot de
Γορδιανῶν pour l'article τῶν qui les deſi-
gne. Cette ſubſtitution éclaircit le ſens
de mon diſcours, & ne fait rien du tout
au ſens du paſſage.

Que les Hiſtoriens ne s'expliquent pas
davantage ſur les Gordiens, il n'y a rien
d'extraordinaire pour ceux qui ont quelque habitude avec les Hiſtoriens du
neuviéme & du dixiéme ſiecle de Rome.
Leur recit la pluſpart du temps n'eſt pas
ſi intelligible, qu'il ne faille tirer par
conjecture la ſuite des principaux évenemens, & ſans le ſecours des Medailles
il ſeroit impoſſible d'en débroüiller la
Chronologie, & d'en developer les tenebres. Ce ſont les Medailles qui ont
donné la naiſſance, comme je l'ay dit
ci-deſſus, à l'opinion que j'explique; &
je vais rendre compte des preuves que
je crois pouvoir eſtre tirées de cette eſpece de monument pour la ſoûtenir.

Il n'y a rien dans les Medailles dont
on ne puiſſe ſe ſervir pour illuſtrer l'Hiſtoire. Les dates qu'elles portent, la

H

reſſemblance, ou la difference des viſa-
ges qu'elles repreſentent, la qualité du
métail même ſur lequel elles ſont frappées ; Tout cela entre les mains d'un
habile homme a ſon uſage ; ce qui fait
l'autorité de ces preuves, & ce qui leur
donne credit, c'eſt leur certitude éprou-
vée, qui fait que l'on ne ſe trompe
jamais en les ſuivant. On a trouvé & l'on
trouve tous les jours de fort bonnes raiſons pour juſtifier des dattes & des époques, leſquelles paroiſſoient extrava-
gantes & contradictoires. Les belles choſes que Monſieur Toinard a découvertes ſur ce ſujet dans les Medailles de
Commode, de Trajan & de Tite, font
foi de ce que j'ai avancé, & nous dé-
montrent en même-temps l'ignorance
de certaines gens qui ne balançoient pas
de condamner ce qu'ils ne pouvoient
pas expliquer, comme ſi leur habileté
ſervoit de bornes, au-delà deſquelles il
ne fût point permis à celle des autres de
s'étendre ; mais ce qui fait le plus à nôtre
ſujet, c'eſt que tous ceux qui ont jamais
vû des Medailles Romaines ſont convaincus de la parfaite reſſemblance de
toutes les Medailles d'un Empereur,

avec la seule difference que l'âge y doit mettre. Par *Medailles Romaines* ; je n'entens parler ici que de celles qui se frappoient à Rome, & non pas des Medailles qui se fabriquoient dans les Colonies, ou dans les Villes Grecques qui avoient le droit de faire battre monnoie ; quoique cependant elles portent le visage d'un Empereur Romain. Comme les ouvriers en étoient ordinairement fort mediocres, il n'y faut pas chercher (j'en excepte un fort petit nombre) ni la ressemblance, ni la beauté, ce qui les rend si considerables, ce sont leurs époques & les preuves Geographiques que l'on en peut tirer. Enfin toutes les belles Medailles des Empereurs sont tellement soupçonnées d'avoir été frappées à Rome, qu'un Antiquaire qui se confesse lui-même fort habile, prétend que celles d'Antioche de Pisidie se fabriquoient à Rome, parce qu'elles sont d'une belle maniere & d'un bon Maître. Mais pour en revenir à nos Medailles Romaines, il est certain que rien n'égale l'habileté de leurs ouvriers à rendre tous les traits qui servent à caractériser un visage, & c'est la perfection qu'ils ont conservée la der-

Hardui.
in antir
rhet.

H ij

niere. Peut-être s'étoient-ils fait une étude particuliere de cette expreſſion, ou, ce qui eſt aſſez probable, ils devoient avoir quelque ſecret pour amollir les métaux, ſecret, qui, comme beaucoup d'autres, ſera peri, lorſque l'inondation des Barbares a fait changer de face à la terre. L'experience nous apprend que le ſecret d'attendrir les métaux, & ſur tout le cuivre, n'eſt pas impoſſible : Un de mes amis, homme de foi, m'a aſſuré fort ſouvent qu'étant en Angleterre, il l'avoit vû pratiquer pluſieurs fois au feu Prince Robert : Non-ſeulement ce Prince avoit le ſecret de rendre le cuivre le plus fier auſſi doux que du plomb ; mais dès qu'il lui plaiſoit, il lui redonnoit ſa premiere dureté, & même le rendoit auſſi intraitable au marteau que l'acier le mieux trempé. On voit aſſez par là la facilité qu'avoient les Romains de faire de beaux coins de cuivre, ſuppoſé qu'ils euſſent ce ſecret, & combien enſuite il leur étoit aiſé de frapper de belles Medailles: & veritablement il eſt impoſſible de concevoir comment nos Medailles de grand bronze ont pû ſervir de monnoie, si l'on n'accorde aux Romains la connoissance de ce secret. On voit dans differens endroits de Pline, que les droits de Seigneuriage, de Fabrique, &c. que les Empereurs prenoient sur les especes, étoient fort mediocres; & sur ce pied-là, nos Nerons de grand bronze, lesquels au plus ne valoient qu'un Sesterce ou deux, c'est-à-dire dix-huit deniers ou trois sols de nôtre monnoie, fussent revenus aux Princes à trois fois leur prix; il en est de même à proportion du moyen bronze, & des autres monnoies de cuivre, puisque la hauteur de leur relief auroit voulu qu'on les eût moûlées auparavant, si l'on n'avoit pas eu le secret d'attendrir le métail, sur tout les Romains n'ayant pas l'usage du balancier, & imprimant leurs especes seulement à coups de marteau. Ajoûtez à cela que les coins ne servoient pas long-temps aux Romains, ce qui se voit, parce que de deux cens Medailles qui porteront le même revers, il n'y en aura pas peut-être deux où l'on ne trouve quelque différence qui démontre qu'elles auront été imprimées dans des creux differens; ce qui joint à ce que nous avons dit, auroit fait monter les frais de la fabrique des Medailles à des sommes immenses, s'il eût fallu travailler sur de l'acier. Nous avons encore quelque chose pour nous de plus fort que des conjectures. Le peu de coins des anciens qui nous restent, sont tous de cuivre, & ce cuivre est extrêmement fier, & aigri par art, pour pouvoir resister aux efforts du monnoyage. Mais pour revenir à la ressemblance, elle est si grande dans les Medailles Romaines, que l'on reconnoît les traits des peres & des meres dans leurs enfans, & reciproquement ceux des enfans dans leurs parens. Il n'est fait aucune mention de Pauline dans les Historiens, & cette Princesse n'est reconnuë pour femme de Maximin, que parce que ses traits sont tout à fait les mêmes que ceux de Maxime fils de cet Empereur, & la fabrique de leurs Medailles (comme l'a fort bien remarqué le docte Monsieur Vaillant) entierement semblable. Quand même l'Histoire ne nous apprendroit pas que Faustine la jeune est la mere de l'Empereur Commode, on le découvritoit aisement par les Medailles, tant on

Voyez le Cabinet de Sainte Geneviéve.

In prest. num.

trouve de reſſemblance entre l'air du
viſage de cet Empereur dans les Medailles qui le repreſentent encore jeune, &
l'air du viſage de l'Imperatrice ſa mere.
De maniere qu'il eſt fort ordinaire de
trouver dans ce ſujet, ce que l'on regarde avec tant d'admiration dans le cé-
lebre Tableau de Raphaël, qui repreſente
le ſacrifice que l'on vouloit faire à Lyd-
da en Licaonie, à Saint Paul & à Saint
Barnabé, que l'on y avoit pris pour des
Dieux. C'eſt de cette vieille, ayant ſa
fille auprès d'elle dont j'entens parler;
on pretend remarquer dans leurs viſa-
ges cette reſſemblance produite par le
ſang, à travers toute la difference que
la vieilleſſe & la jeuneſſe mettent dans
deux perſonnes. Il eſt facile de remarquer dans les Medailles de Trajan &
d'Hadrien tous les differens degrez d'alteration qu'expoſe le viſage d'un homme
qui vieillit; & ſi l'on s'appliquoit exactement à les connoître, je ne doute pas que
ces degrez ne ſerviſſent beaucoup à remplacer le manque de *Tribuniti poteſt*
ou des années du regne, qu'on regret-
te dans la pluſpart des Medailles de ce
dernier. J'ajoûterai ici pour montrer

juſqu'où alloit l'habileté des Graveurs
du haut Empire à rendre ſur la monnoye
la phyſionomie des Princes, qu'un Me-
decin fort habile antiquaire a crû que
l'on pouvoit connoître, independamment de tout autre ſecours, quelles a-
voient été les inclinations & le naturel
de ceux qu'elles repreſentoient. Je doute fort pourtant que la ſûreté des traits
pût ſuppléer le teint que les Medailles
ne donnent pas; & ce teint cependant
eſt une plus certaine indication du temperament d'un homme. Neanmoins
l'eſſay dont Monſieur Spon a accom-
pagné ſon projet, a plû à bien des
gens, & j'ai vû quantité de perſonnes
de bon goût ſouhaitter que l'on l'a-
chevât.

Cette étude du moins, ſi elle étoit
ſûre, ſeroit d'autant plus utile, qu'elle
conduiroit à une plus exacte connoiſſance du regne de ces Princes, les Souverains ſuivant ordinairement leur temperament, & n'étant pas neceſſitez à
vivre contraints comme la pluſpart des
autres hommes. On voit par ce que nous
venons de dire de l'exactitude des Medailles Romaines dans les reſſemblances,
que

que celles qui portent des têtes tout à
fait différentes ne peuvent appartenir
aux mêmes Princes. Antonin le Debonnaire, Caracalla & Elagabale s'appellent tous trois *Antoninus Pius Felix,*
&c. dans leurs Medailles, dont les Legendes ne mettent quasi jamais de difference entr'eux, sur tout dans celles de ces
deux derniers Empereurs; car l'étoile que
l'on pretend caractériser les Medailles
d'Helagabale ne se trouve pas toûjours
dans le bronze, & ne se rencontre presque
point dans les autres metaux. C'est donc
la seule difference du visage qui separe
presque toûjours les monnoyes de ces
Princes; & sans cette pierre de touche
souvent elles resteroient confonduës.
Mais avec ce secours, les jeunes Eco-
liers antiquaires ne se trompent pas sur
les Medailles dont nous venons de parler. Celle des deux Gordiens Affricains
ne se distinguent, comme nous l'avons
dèja dit, que par la sensible différence
qui se trouve entre leurs visages, aidée
encor par celle que quarante ans de plus
dans l'un que dans l'autre y doit mettre. C'est sur ce principe que je pré-
tens que la Medaille que j'ay fait ici gra-

ver ne peut appartenir à Gordien Pie,
& doit être par consequent à nôtre Gordien , ou Gordien troisiéme. Toutes
celles que je pretens lui appartenir en
toutes sortes de metaux, sont entierement semblables en tout à celle que j'ai
fait graver, & je n'en ay pas encore vû
de differens revers. La tête est sans cou-
ronne , telle que les Cesars la portoient,
& l'inscription lui donne ce titre. Le
revers represente les instrumens dont
les Romains se servoient ordinairement
dans leurs sacrifices expliquez trop de
fois pour l'être encore ici. L'autre que
j'ai fait graver est une de Gordien Pie,
frappée la premiere année du regne de
ce Prince. On voit assez que ce n'est
pas le même visage, nôtre Gordien n'est
qu'un enfant, & Gordien Pie paroît tel
qu'il étoit lors qu'il fut élevé à l'Empire, c'est à dire, un jeune homme d'environ quatorze ans. Or Gordien Pie n'a
pas été assez long-temps Cesar pour paroître dans ces premieres Medailles un
enfant de cinq ou six ans , & un adoles-
cent de quatorze , dans celles qui ont
été frappées la premiere année de son
Empire. Du mois de Juillet de l'année

de Rome 990. où il fut fait Cesar jufqu'au mois de Juillet de l'an de Rome
991. qu'il fut fait Empereur, il n'y a que
treize mois tout au plus; & en treize
mois on ne peut pas changer si confi-
derablement, il seroit inutile d'en dire
davantage sur une difference que les Medailles montrent assez. On peut nous
objecter ici que la ressemblance n'est pas
si sûre dans les Médailles Romaines,
que l'on s'en puisse autoriser legitime-
ment, pour assurer ou pour nier des
faits considerables. Celles de Galba, de
Macrin & de Maximin, sont souvent si
differentes entr'elles, que le seul nom
des Empereurs les fait reconnoître. Cette difficulté seroit puissante, si nous
n'avions contre, des réponses perem-
ptoires. Galba fut reconnu Empereur
à Rome qu'il étoit encore en Espagne;
& l'on mit son image sur la monnoye
long-temps avant qu'il y arrivât. Le
séjour qu'il avoit fait hors de Rome &
en Espagne l'avoit assez changé pour faire que l'idée qui en étoit restée à Rome fût devenuë fausse. Rien ne change
plus un homme que la vieillesse, &
Galba qui n'étoit plus jeune, lorsqu'il

ſe retira de Rome avoit vieilly conſide-
rablement pendant ſon ſéjour à Fundi,
& les huit années de ſon Gouvernement
d'Eſpagne. Il n'y a donc pas ſujet de
s'étonner ſi les Medailles qui lui ont
été frappées dans le commencement de
ſon Empire, ſont differentes de celles
qui ſe firent dans la ſuite, lors qu'à
l'arrivée de ce Prince l'on eût reformé
les coins. Macrin lors qu'il fut fait
Empereur, étoit ſans barbe, & d'ailleurs en Syrie, & ſes premieres Medailles le repreſentent razé. Dans la ſuite
pour reſſembler davantage à Marc-Aurele, dont la memoire étoit en veneration par tout l'Empire, il voulut nourrir
ſa barbe, & dans peu il en porta une
fort longue. Il n'y a donc rien de ſur-
prenant de voir que dans ſes dernieres Medailles qui le repreſentent avec
cette barbe, il ne reſſemble pas au Macrin des premieres : La barbe eſt un ornement qui déguiſe un homme autant
qu'aucun autre. L'illuſtre Monſieur Vaillant au retour d'un voyage d'Outremer,
avoit rapporté à Marſeille une longue
barbe à la Levantine. Le lendemain de
ſon arrivée s'étant aviſé de ſe faire

Herod.
lib. 5.

razer en Ville , l'Hôte à son retour
ne le vouloit plus reconnoître , & il
lui fallut donner caution pour rentrer
en possession de ses propres hardes.
Maximin étoit en Allemagne , lorsque
les troupes le firent Empereur , & la
promptitude avec laquelle les Romains
travailloient à faire des monnoyes au
coin du nouveau Prince ne leur permit
pas d'attendre les instructions necessaires pour en faire qui lui ressemblas-
sent. Cet empressement des Romains le
manifeste par la quantité de Medailles
d'Empereurs qui n'ont pas regné fort
long-temps , de maniere que personne
n'en peut douter. On peut juger de
ces Medailles , comme de la pluspart de
celles qui ont été frappées en Hollande
& en Allemagne à la gloire du Roi ,
dans lesquelles ce Prince n'est pas recon-
noissable. Mais comme par exemple,
les Medailles que M. l'Abbé Bizot, le premier homme de son siecle pour la fabrique & pour la connoissance du mo-
derne, a fait frapper en Hollande de ce
Prince, ne laissent pas d'avoir son air;
de même il y a certains Empereurs ausquels on n'a pas laissé de frapper des

Medailles reſſemblantes, quoi qu'éloignez de Rome. Tels ont été par exemple les Gordiens Affricains , Hadrien
qui ſe trouva dans l'Orient lorſqu'il
ſucceda à Trajan. Les raiſons en ſont ſi
faciles à trouver, qu'il ſeroit inutile de
les rapporter , ce ſeroit auſſi en vain
que l'on m'oppoſeroit , que les monnoyes Romaines pouvoient ſe fabriquer où étoit le Prince , & que c'eſt
moins ſur le manque d'inſtructions ne-
ceſſaires , que ſur le peu d'habileté des
Monétaires qu'il faut rejetter la difference qui ſe trouve entre les Medailles de Galba & de Maximin , leſquels
n'ayant pas regné longtemps , devroient
être repreſentez toûjours les mêmes,
qu'ainſi on ne doit pas trop compter ſur
le burin de ces ouvriers , quand il s'agit
de decider quelque importante queſtion. A cela il n'y a pas d'antiquaire qui
ne réponde, que les Medailles Romaines , & ſur tout celles de bronze ſe frappoient toûjours à Rome. C'eſt une verité ſi conſtante , que celles mêmes qui
ſe frappoient hors de Rome pour le
compte des Empereurs , étoient Grecques , & portoient le nom de la Ville

où elles avoient été fabriquées, comme
cela paroît par les Medailles d'Antioche, où l'on frappoit des Medailles à
caractéres grecs dans la monnoye du
Prince, quoique celles qui se fabriquoient dans la monnoye de la Ville
portassent des caractéres Latins. D'ailleurs tout ce que j'appelle monnoye
Romaine de cuivre, porte le *S. C. Senatus Consulto*, ce qui marque qu'étant
frappées par Arrest du Senat, le Prince
n'en étoit pas tout à fait le maître, &
qu'il ne l'étoit que conjointement avec
le Senat. En effet, nous ne trouvons
pas de Medailles Romaines des Empereurs qui n'ont jamais été reconnus à
Rome. Nous n'en avons pas de *Pescennius Niger*, de cette espece, & cependant on en trouve un assez bon nombre de *Didius Julianus*, qui a regné bien
moins de temps que lui, mais qui étoit
le Maître de Rome, marque donc infaillible que ces Medailles ne se frappoient
point hors de cette Ville; à quoi on pourroit nous objecter que du moins cela
ne conclud pas à l'égard des Medailles
d'or & d'argent, que le *S. C.* ne s'y trouvant pas, l'Empereur en étoit absolu-

ment le maître, que comme elles se fabriquoient apparemment par tout où le
Prince se trouvoit, si elles ne ressem-
blent pas, c'est moins faute des instructions necessaires, que par le peu d'a-
dresse des ouvriers. A cela je réponds
que je croy être bien fondé à soûtenir
aussi que les Medailles ordinaires d'or
& d'argent ne se frappoient qu'à Rome.
Celles des Princes qui n'y ont pas été
reconnus étant tout à fait mediocres:
telles sont par exemple les Medailles
d'argent de *Pescennius Niger*, lesquelles pour l'aloi & pour la fabrique sont in-
ferieures au dernier point à celles de *Di-*
dius Julianus son contemporain. Apparemment le Senat & le Peuple avoient
le même droit sur les monnoyes d'or &
d'argent, que sur celles de bronze. J'en
puis donner deux preuves: La premiere,
sont quantité de Medailles de Trajan &
d'autres Princes en or & en argent, où
l'on lit *S. P. Q. R. Senatus Populusque*
Romanus, OPTIMO PRINCIPI:
marque que c'étoit le Senat, qui du
moins en partie faisoit frapper la
Medaille , puisqu'il auroit été ridicule qu'un Prince se fût offert à lui-

même une Medaille au nom du Senat & du Peuple. On ne peut pas nous dire que la dedicace qu'emporte cette inscription *S. P. Q. R. &c.* tombe, non pas sur la piece de monnoye, mais sur ce qu'elle represente ; comme par exemple sur la colomne Trajanne sur *la via* ou *l'aqua Trajana*, que le Senat ou le Peuple avoient fait bâtir à la gloire du Prince ; car outre que l'on sçait que ces bâtimens ont été faits aux dépens de cet Empereur, il se trouve beaucoup de Medailles de ce Prince, qui representent quelque chose d'inventé, & qui n'existoit point, ou même une figure enigmatique, comme Trajan relevant une femme qui represente Rome ; l'adoption de ce même Prince, marque que ce ne peut pas être ce que represente la Medaille, mais la Medaille même que l'on offre à l'Empereur. La seconde preuve que le Senat avoit droit à la fabrique des especes d'or & d'argent est, que le *S. C. Senatus Consulto* se trouve sur quelques Medailles d'or & d'argent d'Auguste, de même que sur le bronze. Il est vrai que dans la suite on a negligé de l'y mettre, quoique l'on

fût fort foigneux de le marquer fur les
efpeces de bronze, mais c'eft qu'il étoit
inutile fur celles d'or & d'argent. L'Empire Romain étoit rempli de Villes libres & de Colonies, lefquelles avoient
droit de faire battre monnoye fur du
cuivre, & ces monnoyes n'avoient cours
que dans le diftrict des Villes qui les
avoient fait frapper, & je croy même
avoir fujet de douter que la Communauté où ϰοινόια qui étoit entre certaines, s'étendit jufqu'aux efpeces. J'ap-
puie ce fentiment fur l'inégalité de titre
de poids & de grandeur qui fe trouve,
par exemple, dans les Medailles de
differentes Villes d'Ionie frappées fous
le même Empereur & dans la même
année, il devoit neanmoins pour la
commodité du commerce y avoir une
monnoye commune entre toutes ces
Villes, & cette monnoye ne pouvoit
être que celle du Souverain; c'eft-à-di-
re, de Rome, comme autrefois en France nous avons vû les Seigneurs faire
frapper des efpeces, lefquelles avoient
cours feulement dans les terres de celui qui les faifoit fabriquer, tandis
qu'il y avoit une monnoye commune à

tout le Royaume, qui étoit celle du Roy. C'étoit donc pour diftinguer la monnoye Romaine des autres, & fur tout de celle des Colonies où l'on frappoit auffi en Latin, que l'on y marquoit le *S. C.* qui lui fervoit comme d'un paffe-port, qui la faifoit courir par tout l'Empire. Antioche étoit fi jaloufe du droit qu'elle avoit acquife de faire mettre le *S. C.* fur fes Medailles, qu'on ne peut pas douter qu'il n'y eût un privilege fort utile attaché à ces marques; mais ce *S. C.* neceffaire dans les Medailles Romaines de bronze pour les diftinguer de celles du refte de l'Empire ne l'étoit plus dans les efpeces d'or & d'argent; les Villes libres & les Colonies n'ayant pas permiffion de battre fur ces metaux. L'or premierement ne fait aucune difficulté : quant à l'argent dans le fond, il n'en fait gueres davantage. On n'en trouve que fort rarement, & encore fous certains Empereurs, quand la quantité des Medailles étrangeres de bronze furpaffe de beaucoup celle des Medailles Romaines. Le grand & le moyen bronze des Romaines de Caligula ne fourniffent que quatre revers differens,

& le Colonies & les Grecques en four-
niſſent plus de quarante. Enſuite les
Medailles Grecques qui paſſent d'argent, ſont de deux eſpeces : Les premieres ſur bon argent, & les ſecondes
ſur du potain. Les premieres ſont ſi
ſemblables aux Romaines pour la forme, le poids & la fabrique, que joint à
ce qu'elles ne portent jamais le nom
d'aucune Ville, comme le font celles de
bronze (celles d'Egypte exceptées) on les
peut croire fabriquées à Rome ; les autres qui ſont de potain , & quatre ou
cinq fois plus peſantes & plus grandes
auſſi que les Medailles Romaines, ne
portent preſque jamais le nom d'aucune
Ville, mais preſque toûjours celui d'un
Preteur , ou ſimplement l'année de l'Empire ; mais après tout, n'étant pas d'argent, elles ne font pas d'exception à la
regle que nous avons voulu établir. Je
ſçai bien que ſous Claude il ſe trouve
un Medaillon d'argent frappé par les
Communautez d'Aſie , & un autre qui
repreſente la Diane d'Epheſe ; mais leur
rareté & leur poids montrent que ce
ſont de vrais Medaillons , ainſi , que
jamais ils n'ont ſervi de monnoye. En-

fin la même raison qui eſt cauſe que le *S. C.* ne ſe trouve pas ſur les Medaillons Romains , qui eſt , qu'il y étoit inutile , ces pieces n'étant pas eſpeces ayant cours , veut auſſi qu'on n'ait pas été ſi ſoigneux de le mettre ſur les eſpeces d'or & d'argent , quoique fabriquées ſous l'autorité du Senat , parce qu'il y étoit inutile , n'étant pas neceſſaire de les diſtinguer , comme celles de bronze , des autres monnoyes de l'Empire.

L'habileté des Monetaires Romains reſtant donc ſans conteſtation , on voit aſſez que ce ne pourroit être par leur faute , que les Medailles frappées à Gordien Ceſar reſſembleroient ſi peu à celles qui lui furent fabriquées treize mois après lors qu'il fut devenu Empereur. Cependant ils ſeroient inexcuſables , ſi elles appartenoient toutes à Gordien Pie , puis qu'ils ne pourroient ſe parer ici de la même deffenſe que nous avons apportée à l'égard de Galba , qui , comme nous l'avons dit , n'étoit pas à Rome lorſque l'on commença de lui frapper des Medailles. Gordien Pie , comme nous l'apprend

Capitolin, étoit élevé à Rome, & auroit été fort connu des Monetaires, ſi
ç'eût été lui, & non pas ſon couſin, qui
eût été fait Ceſar au mois de May de
l'année 990. lorſque les deux Affricains
furent reconnus Empereurs.

Il y a encore d'autres ſujets de ne pas
donner à Gordien Pie les Medailles
dont il eſt icy queſtion , ſi ces Medailles
appartenoient à ce Prince , elle ne pourroient avoir été frappées que ſous l'Empire de Balbin & de Pupien , puis qu'il
ne fut fait Ceſar qu'à la promotion de
ces Empereurs ; cependant elles ne ſont
pas du même burin que celles de ces
Princes : mais au contraire , c'eſt abſo-
lument la même graveure & la même
main que dans celles des Gordiens Affricains. Or ſi elles ont été frappées
en même-temps que celles de ces deux
Empereurs ; on ne peut pas douter
qu'elles n'appartiennent à nôtre Gordien. Le ſeul qui a pû être Ceſar pendant leur Empire , il en eſt de même
du métail ſur lequel on a travaillé, que
de l'ouvrage. Les Medailles de nôtre Gordien , qui comme nous l'avons
dèja dit , devroient avoir été frappées

avec celles de Balbin & de Pupien ne leur reſſemblent nullement, ni pour la quantité ni pour la qualité du mé-tail. Cela ſe voit dans le bronze, mais cela ſe remarque encor plus aiſement dans l'argent, où les differences ſont plus ſenſibles. Les Medailles de nôtre Gordien ſont d'un argent fin, rondes, & beaucoup mieux travaillées que cel-les de Balbin & de Pupien qui ſont d'un aloy où il entre les trois quarts d'empi-rance, & d'une rondeur fort negligée: Outre cela le métail des Medailles des deux Affricains eſt entierement ſembla-ble à celui de nôtre Gordien, c'eſt le même titre, c'eſt la même figure; nous avons dèja dit que c'étoit la même gra-veure. Je ne doute pas que cette preu-ve ne paroiſſe bien conſiderable à ceux qui ont du goût, pour ces ſortes de choſes, & la difference de burin & de métail qui ſe trouve entre les Medail-les de differens Princes, dont le regne a été trop court pour donner lieu à diverſes fabriques eſt à mon gré une des plus fortes que l'on puiſſe appor-ter, pour dire qu'elles n'ont pas été frappées en même-temps. Trajan Dece

& Alexandre Severe se disputoient Barbia Orbiana, tous deux vouloient l'a-
voir pour femme, & on trouvoit même certaines inscriptions que l'on pre-
tendoit ajuger Barbia Orbiana au
premier. Cependant Monsieur Vaillant aiant jugé à propos de consulter
la fabrique des Médailles de cette Imperatrice, a trouvé que le burin & le
métail étant tout à fait semblable à celui d'Alexandre Severe, il falloit prononcer en sa faveur. Tout le monde
a trouvé sa Sentence si équitable, que
l'on s'y est soûmis entierement, & aujourd'hui pas un Antiquaire n'oseroit
dire que Barbia Orbiana est femme
de Trajan Dece, comme cela s'impri-
moit autrefois. On voit donc assez par
là que l'on peut consulter avec fruit le
burin & le métail des Medailles, &
qu'on se rendroit ridicule, en rejettant
leurs témoignages. J'ai vû un fort habile Antiquaire m'objecter que si les
Medailles dont il s'agit icy appartenoient, comme je le pretens, à un Gordien fils de Gordien l'Affricain le jeune,
elles devroient aussi porter dans leurs
legendes le surnom d'*Affricanus*, &
avoir

avoir *M. ANTON. GORDIANUS AFFR.* au lieu que *L'AFFR.* ne se trouve pas constamment dans aucune. A cela je réponds, que les enfans ne portoient pas toûjours les mêmes surnoms que les peres. On sçait assez quelles étoient les Coûtumes des Romains à l'égard du *Prænomen Nomen, agnomen & cognomen* ; mais sans raisonner d'avantage, l'objection ne prouve rien par la regle qu'elle prouve trop. Si on en pouvoit tirer que le fils de Gordien Affricain le jeune a dû porter le même surnom de son pere, & s'appeller *Affricanus* ainsi que lui, à plus forte raison, en pourroit-on conclure que Gordien Affricain le pere à dû porter du moins le même nom que son pere. Ce pere cependant, comme nous l'apprend Capitolin, s'appelloit *Metius Marullus,* chose qui fait voir clairement la foiblesse de l'objection. Si Gordien le pere a pû quitter tous les noms de son pere pour s'appeller Gordien, à cause que sa mere s'appelloit *Ulpia Gordiana* ; à plus forte raison nôtre Gordien n'aura-t'-il pas été obligé de prendre le surnom de son pere ? vouloir

K

dire le contraire devant ceux qui connoiſſent les Coûtumes Romaines , c'eſt
à peu près vouloir prouver que le feu
Roi devoit s'appeller Henri , parce
que ſon pere Henry quatriéme a porté ce nom. D'ailleurs bien des Auteurs prétendent que les Gordiens Affricains avoient pris ce dernier nom
pour obliger la Province qui les faiſoit
Empereurs, & cette raiſon n'engageoit
pas du tout nôtre Gordien qui n'avoit
l'obligation de ſon avancement qu'au
Peuple & au Senat.   Il ne me reſte plus
qu'à répondre à une objection pour
finir. Gordien Pie , dit-on , conſtam-
ment a été Ceſar, c'eſt un fait qu'on ne
peut revoquer en doute ; il l'a même
été pendant une année entiere. Or ſi
l'on trouve beaucoup de Medailles de
nôtre Gordien avec le titre de Ceſar,
lui , dont la fortune n'a duré que deux
mois , à plus forte raiſon doit-il y
en avoir de Gordien Pie , qui le repreſentent en qualité de Ceſar ? Cette objection ſeroit invincible, ſi le titre de
Ceſar emportoit le privilege de mettre
ſon effigie ſur les Medailles ; mais cela
n'étant pas, il n'y a pas ſujet de s'éton-

her que dans nôtre sentiment il n'y ait pas de Medailles avec le seul titre de Cesar pour Gordien Pie. Trajan a été Cesar sous Nerva, & Antonin Pie a joüi assez long-temps de cette dignité sous Adrien ; cependant nous n'avons pas assurément des Medailles du premier où il soit representé sous ce titre, & je ne sçache pas que l'on n'en ait vû du second. Quoi qu'un Prince fût Cesar, l'Empereur étoit toûjours le Maître de lui permettre de faire representer son visage sur la monnoye ; & apparemment que Balbin & Pupien qui n'avoient consenti qu'à regret à la promotion de Gordien Pie à cette dignité, ne se seront pas mis fort en peine de lui faire cet honneur. On sçait outre cela quelle étoit la passion de presque tous les Romains pour éterniser sa memoire. La plufpart ne reconnoissoient point après la mort d'autre vie que celle que donne à un homme l'illustre souvenir que l'on conserve de lui ; & comme rien ne nous paroît plus affreux qu'un entier aneantissement, ils se portoient avec ardeur à tout ce qui pouvoit leur procurer cette vie imaginaire. C'est là l'origine

de tant de monumens magnifiques, dont
les ruines embelliſſent pluſieurs païs;
c'eſt l'origine de tant de ſtatuës, des
inſcriptions ſi frequentes, de la beauté
de leur monnoye & du cas qu'ils faiſoient du privilege d'y faire mettre leurs
têtes. En effet, c'étoit le monument le
plus propre à empêcher leur memoire
de perir : Combien de Princes nous
ſeroient inconnus malgré tous leurs
beaux bâtimens & toutes leurs inſcriptions, ſi nous ne les avions décou-
verts par le ſecours des Medailles. Pupien & Balbin connoiſſoient aſſeure-
ment cette verité; & ſans doute qu'elle
leur faiſoit dèja voir avec chagrin le
nombre de leurs Medailles diminuer
par celles de leur Confrere; & dans cette
penſée, il eſt aiſé de croire qu'ils n'ont
pas trop ſongé à en faire frapper à
l'honneur de Gordien, parce qu'ils euſſent encore diminué par là le nombre des
leurs. Comme ces Empereurs n'ont pas
regné aſſez long-temps pour voir aſſez
de leurs Medailles pour s'immortaliſer,
ils auront été tüez avant que d'avoir
changé de ſentiment. Au reſte, je ſuis
fort éloigné de donner mon opinion ſur
les Gordiens, comme un probleme dé-

montré, & je ne suis pas persuadé d'avoir
employé des preuves qui doivent paroître convaincantes à tout le monde. Je
croy seulement mon sisteme beaucoup
plus probable que l'opinion ordinaire,
& je pense que bien des gens seront de
mon avis. On ne peut guere pousser plus
loin la certitude de l'Histoire de ces
temps-là ; & il me semble que les esprits
raisonnables doivent s'en contenter.
L'Histoire ne peut pas donner des de-
monstrations comme la Géometrie. Je
suis tout prest neanmoins de me rendre,
si l'on peut me convaincre par de bonnes
preuves, que j'ay tort de vouloir établir
une nouvelle opinion. Je n'ay rien qui
m'empêche d'avoüer que je m'étois
trompé, quand on voudra se donner
la peine de me le faire voir ; & je ne suis
ni d'un nom ni d'une profession qui m'o-
blige d'avoir raison, & qui me défend
de me rendre. Le bon est que les choses
se passent parmi les Antiquaires legiti-
mes plus honnêtement qu'ailleurs. C'est,
quoi qu'en veüille dire un bel esprit, qui Rep. des
les appelle une nation mal-endurante, la Lettr.
plus honnête & la plus civile nation de
toutes celles qui habitent la Republique
des Lettres. Les autres Sçavans sont ai-

gres, hautains, satyriques, & qui souvent
pour mordre n'attendent pas qu'on les
insulte ; ceux-ci au contraire sont polis,
honnêtes , même dans leurs repriman-
des , & s'ils ont à reprocher à quelqu'un
qu'il est double, de mauvaise foi ; qu'il fait
imprimer qu'il n'a jamais vû les memoires d'un tel , quand on lui prouve par ses
propres Lettres qu'il les a lûs tout au
long, & qu'il s'en est servi autant qu'il a
été capable de le faire , c'est sans insulter,
& dans les termes du monde les plus honnêtes. Il s'en trouve même de si patiens,
qu'ils souffrent que par des Emissaires un
Plagiaire leur dérobe leurs découvertes,
& qu'il les imprime sous son nom , sans
montrer au public & à ces gens-là, comme ils le pourroient, qu'ils publient des
choses qu'ils n'entendent qu'à moitié, &
qu'ils sont entierement incapables de
rendre raison de leurs pretenduës découvertes. Quoique l'amitié que tous les
hommes ont pour leurs productions aille
jusqu'à la passion chez les Auteurs, il s'en
trouve d'autres qui souffrent sans repli-
que des Livres où l'on les accuse de deux
cent fautes, tandis qu'ils peuvent montrer que l'accusateur a tort dans presque
toutes ses Remarques , & que lui-même

a fait ailleurs sur la même matiere des
fautes que l'on ne peut pas compter.
Où trouve-on des exemples d'une pareille moderation? Ils sont rares par tout,
mais ils sont uniques dans la Republique
des Lettres. Aussi quand on reproche
aux Scioppius, aux Scaligers, aux Sau-
maises & à tant d'autres Sçavans leurs
manieres dures & peu polies à l'égard de
leurs Confreres, il n'y a encore qu'aux
Antiquaires à qui l'on se soit avisé de reprocher leur trop d'honnêteté pour les
leurs. C'est un beau défaut, si c'en est un
de pecher par là, & je souhaitterois fort
que l'on n'en pût trouver dans mon Livre que de semblables.

Cette Histoire étoit déja achevée, lorsque le hasard fit tomber entre mes mains
l'Histoire des Empereurs de Langeloni.
Je fus fort surpris de voir que cet Antiquaire m'avoit precedé, & qu'à l'aide
des Médailles il avoit pretendu prouver
comme moi, qu'il y avoit eu quatre Gordiens. Les preuves qu'il en a apportées
en deux ou trois lignes, font une partie
des nôtres, & ainsi il seroit inutile de les
rapporter ici. La difference qu'il y a cependant entre Langeloni & nous, c'est
qu'il n'a pas connû les preuves Histori-

ques de nôtre opinion, & qu'il n'en a
fait aucune mention dans son Livre.
L'illustre Monsieur Bellori qui nous
a procuré l'édition de cet Ouvrage,
tient cependant contre lui pour l'opinion ordinaire, dans la supposition que
l'Histoire ne souffrant que trois Gordiens, on ne doit pas sur quelque ressemblance, qui peut selon lui, n'être
pas, en établir un quatriéme. Peut-être
quand il aura vû ce que nous en avons
écrit changera-il de sentiment. On fera
telle reflexion que l'on voudra sur cette
opinion ; mais il me semble que c'est un
préjugé qu'elle n'est pas tout à fait mal-
fondée de voir qu'elle soit venuë à deux
differentes personnes, sans que jamais ils
se fussent communiquez. Au reste, s'il y
a quelque honneur à pretendre de cette
nouvelle découverte, je consens volontiers qu'il soit tout entier pour la memoire de Langeloni, quoique je puisse
protester sincerement que je n'ay eu connoissance de son Livre & de son opinion,
que du temps après avoir achevé cet écrit,
comme bien des gens le peuvent témoigner, & entr'autres celui qui m'a prêté
cet Auteur Italien.

F I N.

LETTRE

TOUCHANT

L'HISTOIRE

DES

QUATRE GORDIENS,

Prouvée par les Medailles.

par M. Galland.

A PARIS,

Chez JEAN BOUDOT, ruë S. Jaques,
au Soleil d'or.

M. DC. XCVI.

AVEC PERMISSION.

LETTRE

TOUCHANT

L'HISTOIRE

DES QUATRE GORDIENS,
prouvée par les Medailles.

EUTHYPHRON A PHILALETHE.

E tous ceux qui ont l'honneur de vous connoître, il n'y a personne qui ne tombe d'accord, que vous meritez des loüanges par mille endroits. Mais, celui de l'amour que vous avez pour la verité, l'emporte par deſſus tous les autres. J'ay toûjours remarqué cet amour en vous trés fort en toutes choſes, ſur tout à l'égard des Ouvrages nouveaux dans leſquels les Auteurs avan-

A

cent des propofitions qui fouffrent la moindre difficulté. D'abord qu'il en a paru quelqu'un, vous témoignez une grande paffion qu'on y faffe réponfe, non pas pour avoir le plaifir de voir les gens de lettres aux mains les uns avec les autres, penfée dont vous êtes tres éloigné; mais, afin que l'on puiffe fçavoir à quoi s'en tenir dans les matieres qui paroiffent douteufes.

Vous m'avez marqué le même defir touchant l'Hiftoire des quatre Gordiens, prouvée & illuftrée par les Medailles qui paroît depuis peu, & qui fait beaucoup de bruit parmi ceux qui ont été perfuadez jufqu'à prefent, qu'il n'y en avoit que trois. Vous me dîtes en même-tems, que vous entendiez dire de tous côtés, que le fentiment que l'on foûtient dans cét Ouvrage eft particulier à un petit nombre de curieux de Medailles, & que les principaux & les chefs dans cette connoiffance, & entre autres M. Vaillant, n'en conviennent pas avec eux, & fi cela étoit qu'il feroit bon que les derniers apportaffent les raifons qu'ils ont de ne vouloir admettre que trois Gordiens, autrement,

comme on donne volontiers dans la
nouveauté, que l'opinion des autres
l'emporteroit.

Je vous répondis que ce sentiment
n'étoit pas nouveau, & que l'Angeloni,
Personnage d'aussi peu de capacité dans
les belles lettres, qu'il avoit peu de connoissance & d'experience dans les Medailles antiques, non seulement n'avoit
été suivi de personne; mais même, qu'il
avoit été refuté par M. Bellori son propre
neveu, qui vit encore aujourd'hui avec
la reputation d'un homme illustre par son
erudition tres profonde. J'ajoûtai que
le même sentiment renouvellé n'auroit
pas apparemment plus de suite, & qu'il
y avoit de la sagesse à ne pas relever
ces sortes de nouveautez, par des réponses qui leur donnoient souvent du
credit; que ces réponses & les repliques
que l'on y faisoit, apprêtoient plûtôt à
tire au public qu'elles ne l'instruisoient,
& que tout bien examiné, il valoit
mieux laisser le monde dans la liberté
d'écrire, & de croire ce qu'il lui plai-
soit sur ces sortes de sujets, qui ne re-
gardent ni l'Estat, ni la Religion.

Mais, cette réponse ne vous satisfit

pas, & vous repliquâtes que l'ignorance s'introduiroit bien-tôt dans la Republique des Lettres, fi ce que je venois
d'avancer avoit lieu, & qu'il n'y auroit
plus que les efprits du premier ordre
qui fçauroient quelque chofe, en faifant
des découvertes qui demeureroient ca-
chées à ceux qui n'avoient pas la même
pénetration, s'ils prenoient une fois la
refolution de ne les point communi-
quer, & de les referver pour eux. Vous
dites encore tant d'autres chofes fur ce
fujet, que je me rendis, & que je joignis
mes vœux avec les vôtres, pour fouhai-
ter que quelqu'un de ces habiles Antiquaires qui tiennent conftamment pour
les trois Gordiens, fît une réponfe à
l'hiftoire des quatre.

Aprés m'être feparé d'avec vous, tant
pour avoir l'honneur de vous donner le
mieux qu'il me feroit poffible la fatisfaction que vous fouhaitiez, que pour
m'inftruire moi-même, je refolus de lire
exactement les preuves contenuës dans
l'Hiftoire dont il eft queftion, de les conferer avec les originaux, & de développer
la verité. J'ai executé ce projet avec
grand foin, & je me fuis auffi éclairci

ſur l'argument que l'on tire des Medailles. Mais, tout ce que j'ai lû & vû, aprés
avoir diſſipé quelques tenebres, n'a fait
que me confirmer davantage dans la croi-
ance où j'étois dêja , qu'il n'y a que trois
Gordiens, les deux Gordiens Afriquains,
& Gordien Pie ; & j'eſpere que vous
ne recevrez point le quatriême non plus
que moi , ſi vous vous donnez la peine
de lire ma lettre patiemment juſqu'à la
fin.

Je vous declare d'abord que je ne dirai
rien directement contre l'Hiſtoire , qui
eſt écrite d'une maniere ſi aiſée , d'un
ſtile ſi élegant, & en des termes ſi choi-
ſis, que l'on peut dire que ce ſeroit une
piece d'éloquence françoiſe, achevée, ſi
la verité s'y trouvoit dans l'établiſſement
du quatriéme Gordien. Je m'attache-
rai ſeulement aux preuves, & aux autoritez qui ſont apportées à la fin de cét
Ouvrage, dont on ſe ſert pour appuyer
ce Gordien, & en les ſuivant pas à pas
je ferai voir clairement, & d'une maniere convainquante, qu'on n'en peut tirer la moindre conſequence , pour lui
donner l'exiſtence que l'on prétend.

Premierement, on fait un grand fond

fur l'Arrêt du Senat, rendu au mois de
Mai, l'an 990. de la fondation de Rome, pour reconnoître Empereurs, les
Gordiens Afriquains, dans lequel on
lit ces paroles : *Nepoti Gordiani Quæstu-*
ram decernimus. Nepoti Gordiani Con-
fulatum fpondemus. Nepos Gordiani Cæ-
far appelletur. Tertius Gordianus Præ-
turam accipiat. Nous donnons au petit
fils de Gordien la charge de Quefteur.
Nous promettons le Confulat au petit fils
de Gordien. Que le petit fils de Gordien
foit appellé Cefar. Que le troifiéme Gordien reçoive la charge de Preteur.

En paffant, il eft bon de remarquer
fur ce paffage, qu'un des Manufcrits de
la Bibliotheque du Roi, qui eft celui
dont Cafaubon s'eft fervi, & que j'ay
confulté, au lieu de *Præturam decerni-*
mus, porte, *Quæfturam.* Cette leçon
eft plus recevable que l'autre, parce
qu'on arrivoit de la Quefture à la Preture, & c'eft ce qui m'oblige de fuivre
plûtôt ce Manufcrit, que les livres imprimez.

Pour retourner à nôtre fujet, on pou-
roit contefter la verité de cét Arrêt du
Senat, & lui oppofer celui que le mê-

me Capitolin rapporte dans la Vie des trois Gordiens, qu'il joint ensemble dans son histoire ; car, il doit être tenu pour le veritable avec d'autant plus de raison qu'il y est parlé expressément & dans son lieu, de l'élection des deux Gordiens Afriquains, sans aucune mention d'un autre Gordien, ni de la Questure, ni de la Preture, ni du Consulat, ni de la dignité de Cesar. Le voici, & en des termes differens du precedent. *Dij vobis gratias ; liberati ab hostibus sumus, si penitus liberemur. Maximinum hostem omnes judicamus. Maximinum cum filio Diis inferis devovemus. Gordianos Augustos appellamus. Gordianos Prrncipes agnoscimus. Imperatores de Senatu, Dij conservent. Imperatores nobiles, victores videamus. Imperatores nostros Roma videat. Hostes publicos qui occiderit, præmium merebitur.* Dieux, nous vous rendons graces, nous voila délivrez de nos ennemis, si nous pouvons en être entierement delivrez par leur mort. Nous déclarons tous Maximin ennemi. Nous dévoüons Maximin avec son fils aux Dieux soûterrains. Nous appellons les Gordiens, Augustes. Nous reconnoissons les Gor-

diens pour Princes. Que les Dieux con-
servens les Empereurs choisis par le Se-
nat. Qu'ils fassent que nous voyons les
nobles Empereurs victorieux. Que Rome
puisse voir nos Empereurs. Celui qui tue-
ra les ennemis publics, meritera recom-
pense.

Il n'est pas fait dans cét Arrêt du Senat, la moindre mention d'un troisiéme
Gordien, ni d'un Cesar. Cependant, il
nous est donné pour avoir été rendu
dans le mois de Mai, au sujet de la
même élection pour laquelle l'autre a
été fait. L'un des deux doit être rejetté,
parce que le Senat ne peut pas en avoir
rendu deux en un même jour, dans l'un
desquels il soit fait mention d'un Cesar
proclamé, pendant qu'il n'y en a pas un
mot dans l'autre. Lequel doit-on recevoir? Lequel faut-il rejetter? La raison
demande que l'on se declare plûtôt pour
le dernier que pour le premier ; car, le
premier n'est point dans la place où il
doit être naturellement. On pourroit
même soupçonner qu'il a été dressé en
cette forme par ceux qui l'envoyerent à
Maximin, pour lui donner avis de ce que
le Senat avoit fait contre lui, qu'il ne

contient rien de ce que le Senat avoit
prononcé touchant les deux Gordiens
Afriquains, qu'en fubftance, & que ce
qui s'y lit touchant le troifiéme Gordien
eft falfifié. Mais, j'ai touchant cét endroit
une autre penfée, qui fera marquée dans
fon lieu.

Neanmoins, pour répondre à cette difficulté, l'on pourroit repartir que ce dernier Arrêt du Senat n'eft pas l'Arrêt entier, mais feulement une partie, & que
l'autre & celui-ci, doivent être joints en-
femble pour le rendre complet; de forte
que l'on ne peut pas difconvenir, qu'outre les deux Gordiens Afriquains, il n'y
foit encore parlé d'un troifiéme Gordien
declaré Cefar.

On n'auroit pas beaucoup de peine à
accorder qu'il fe peut que les deux ne
doivent faire qu'un feul Arrêt du Senat.
Mais, ce que j'ai de la peine à croire,
quand cela feroit, la caufe de ceux
qui veulent fe fonder là-deffus, pour
introduire un quatriéme Gordien, n'en
deviendroit pas meilleure.

En effet, dans le tems que le Senat
accorde au vieux Gordien plus qu'il n'a-
voit demandé, & même, plus qu'il n'au-

roit ofé efperer ; pourra-t-on s'imaginer
que le même Senat ait voulu obmettre
la moindre chofe de ce qui pouvoit le
fatisfaire, & lui têmoigner fa joye d'a-
voir en lui un defenfeur & un protec-
teur contre la tyrannie de Maximin.
Cét Empereur en écrivant d'Afrique au
Senat, avoit feulement deffein d'obte-
nir de lui qu'il approvât, & qu'il confir-
mât fon élection. Le Senat fait plus. Il
declare fon fils, Auguste, conjointement
avec lui, & afin qu'il ne manquât rien à
l'honneur qu'il lui faifoit, il proclame
Gordien fon petit fils, Cefar; car, je
parle fuivant la pretention que l'on a.
Si le vieux Gordien avoit eu deux petits
fils, comme on l'écrit avec affurance
dans l'Hiftoire des quatre Gordiens, le
Senat auroit proclamé le fecond de même. Qu'elle raifon auroit-il eu de proclamer l'un, & de ne point proclamer
l'autre? Les Senateurs fans doute l'auroient fait, & non feulement ils au-
roîent proclamé celui-là; mais encore
tous les autres, s'il en avoit eu en plus
grand nombre. Et le même Gordien auroit eu fujet dans la fuite, de leur témoigner du mécontentement, & même

du reſſentiment de ce qu'ils ne l'auroient pas fait, puis que c'étoit une choſe qu'il auroit faite independamment d'eux, en vertu de l'autorité qu'il avoit en main. Mais, ils n'en connoiſſoient pas d'autre, & ils le déclarent eux-mêmes ſuffiſamment, quand ils diſent dans leur Arrêt : *Tertius Gordianus Præturam accipiat.* Ils ne nomment que ce troiſiéme, parce qu'il n'y en avoit pas un quatriéme. Les Hiſtoriens ne connoiſſent auſſi que trois Gordiens. Herodien, Junius Cordus, Dexippe, Zoſime, nonobſtant la violence que l'on fait à ſon texte, & tous les autres, ne font mention que des deux Afriquains, & de Gordien Pie. De plus, comment voudroit-on que Capitolin pût contribuer à faire croire qu'il y en eût quatre, lui qui en faiſant leur hiſtoire, les joint dans un ſeul Livre, auquel il donne le titre de *Tres Gordiani ?*

Il faut donc conclure de tout ceci, que l'Arrêt du Senat rapporté dans le Maximin de Capitolin, n'a rien de favorable au quatriéme Gordien ; mais au contraire, que le Gordien qui y eſt proclamé Ceſar, ne peut être un autre que

A vj

Gordien Pie, parce qu'il n'y avoit que
lui auquel on pût conferer cette dignité. Il n'importe pas que cette proclamation se soit faite au mois de Mai, non
seulement parce qu'aprés les deux
Gordiens Afriquains, il n'y avoit qu'un
seul autre Gordien ; mais encore pour
d'autres raisons essentielles, & particulierement pour celle qui va suivre.

Capitolin, aprés avoir rapporté ce
dernier Arrêt du Senat, où il n'est pas
fait mention d'un Gordien appellé, Cesar, quoi qu'il en soit fait mention
dans l'autre, dit que Junius Cordus,
Historien des Gordiens, leur contemporain, à ce qu'il paroît, a remarqué que
cet Arrêt fut *tacitum*, c'est à dire secret, & il explique à Constantin le
Grand, auquel il a dedié ses trois Gordiens ce que c'étoit qu'un Arrêt secret
du Senat. Il dit : *Il n'y a pas d'autre*
exemple à donner d'un Arrêt secret du
Senat, que ce que vous pratiquez aujour-
d'huy, lors que vous assemblez les pre-
miers Ministres de vôtre Cour, & que
vous deliberez avec eux des affaires qui
ne doivent pas être renduës publiques,

en prenant ferment d'eux, comme vous
avez coûtume de le faire, qu'ils garderont
le fecret, de crainte que perfonne n'en-
tende, ou ne penetre les refolutions que
l'on y prend, avant qu'elles foient exécu-
tées. Les neceffitez publiques ont donné
lieu à cette coûtume chez les Anciens,
de faire un Arrêt fecret du Senat, lors
qu'il s'agiffoit de fe relâcher en quelque
chofe, quand l'Eftat étoit menacé d'une
irruption à laquelle il étoit difficile de
s'oppofer, ou de prendre des refolutions
qu'il ne falloit pas divulguer avant leur
exécution, ou qu'ils ne vouloient pas que
leurs Alliez en euffent communication.
Alors pour mieux garder le fecret, ils
avoient la précaution de ne donner entrée
dans le Senat, ni aux Secretaires, ni
aux Officiers publics de la Compagnie,
ni à aucun autre, & c'étoient des Senateurs qui faifoient alors la fonction des
uns & des autres.

Sur ce paffage qui eft tres remarquable, Cafaubon obferve qu'il eft fingulier, & que dans tous les Ouvrages des
anciens Auteurs, il n'y a que ce feul
endroit, où il foit parlé d'un Arrêt
fecret du Senat. Voici les confequen-

ces que l'on doit tirer de celui dont il
s'agit ici.

Si l'Arrêt du Senat donné dans le mois
de Mai, a été un Arrêt secret, les Senateurs se separerent en gardant un profond silence, & avec une grande reserve,
sur ce qui auroit pû donner soupçon de
ce qu'il contenoit. Ils ne dirent pas
qu'ils avoient approuvé la facilité avec
laquelle le vieux Gordien s'étoit porté
à accepter la qualité d'Empereur, ni
qu'ils lui avoient associé son fils à l'Empire. Ils ne dirent pas aussi qu'ils avoient
proclamé Cesar, un autre Gordien, tel
qû'il pût étre. Ils firent encore moins
fraper des Medailles en son nom sous
ce titre ; car, ils ne le firent pas même
pour les deux Gordiens. Ils se garderent
bien de faire rien de toutes ces choses,
parce que par là, ils auroient rendu public, l'Arrêt qu'ils vouloient être secret
jusqu'à l'arrivée des deux Empereurs,
pour ne pas irriter contre eux, Maximin,
qui leur étoit si odieux pour les raisons
qu'en rapporte Capitolin.

D'un autre côté, ce Gordien declaré
Cesar, ne pût recevoir les honneurs de
sa nouvelle dignité, ni en faire aucune

fonction, ni se prévaloir des privileges qui y étoient attachez, parce qu'il n'en sçavoit rien, & qu'il n'en devoit rien sçavoir; car, tout le mistere des Senateurs auroit été revelé s'il en avoit eu connoissance. Les Senateurs tenoient secrette la declaration qu'ils avoient faite en faveur des deux Empereurs, à plus forte raison celle qu'ils avoient faite en faveur du Gordien Cesar. Mais, ce Gordien Cesar ne pouvoit être autre que le troisiéme de ce nom, appellé Gordien Pie parmi les Empereurs Romains, parce qu'il n'y en avoit pas d'autre que lui, comme il a déja été dit, & comme nous le verrons encore cy-aprés plus particulierement.

Qu'arriva-t-il ensuite de l'Arrêt secret du Senat? le Senat fut trahi, & malgré sa précaution, chose qui selon Capitolin, n'étoit jamais arrivée, Maximin reçut une copie de cét Arrêt terrible pour lui, qui le declaroit non seulement déchu de l'Empire; mais encore, qui le proscrivoit & mettoit sa tête à prix. De l'humeur feroce dont il étoit, il jetta feu & flamme. Il harangua fort pathetiquement ses soldats, &

les anima pour les faire marcher droit à
Rome.

Les Senateurs apprennent de toute
part cette resolution avec épouvante,
en même-tems que la trahison qui leur
avoit été faite, dont il n'étoit pas aisé
de découvrir l'Auteur. Pour surcroît de
trouble & d'accablement, on leur rapporte aussi, justement un mois apres les
avoir declarez Empereurs, que l'un &
l'autre Gordien, dans lesquels ils avoient
mis leur esperance, n'étoient plus.
Dans cette extrêmité, ils s'assemblent
& choisissent dans le Senat deux autres Empereurs, Pupien & Balbin, pour
s'opposer à Maximin, & se delivrer de
sa cruauté, dont ils redoutoient les effets
sur leurs propres personnes, à cause des
démarches qu'ils avoient faites contre
lui. L'élection faite, ils sortent du
Senat, & font un sacrifice dans le Capitole.

Cependant, le peuple informé que
Pupien & Balbin avoient été faits Empereurs, témoigna beaucoup de mécon-
entement de l'élection de Pupien, à
cause de sa severité qui lui étoit con-
nuë. Dans sa mutinerie, tant par l'af-

section qu'il avoit pour les Gordiens qui venoient de périr, que pour avoir un jeune Prince qui le protegeât, & qui contre-balançât en sa faveur le joug de Pupien, qu'il s'imaginoit leur devoir être trop pesant, il demanda le petit fils du vieux Gordien pour Cesar, en menaçant les Senateurs, & même se mettant en devoir de le faire, de ne pas les laisser sortir, s'ils lui refusoient cette satisfaction. On alla prendre le petit Gordien chez lui, agé seulement d'onze ans, ou de treize, comme d'autres le veulent. On le porta au travers de la foule du peuple jusqu'au Capitole, où les Senateurs contre leur coûtume, se rassemblerent, & firent un second Arrêt par lequel ils le declarerent Cesar. C'est ce que Herodien & Capitolin rapportent unanimement en parlant de ce qui se passa ce jour-là vers la fin du mois de Juin, & c'est aussi de quelle maniere se passa la proclamation en qualité de Cesar, du troisiéme Gordien, qui est Gordien Pie, sur laquelle on peut faire les reflexions suivantes.

Les Senateurs oubliant la proclama-

tion de Gordien Cefar, qu'ils avoient
faite au mois de Mai, n'ont au mois
de Juin d'autre foin, ni autre occupa-
tion que d'élire deux Empereurs, &
ils ne fongent en aucune maniere à ce
Gordien. Cependant les deux Gordiens
Afriquains morts, il femble qu'ils devoient ou le declarer Empereur conjointement avec Balbin & Pupien, ou
au moins à caufe de fa trop grande
jeuneffe, le confirmer Cefar, afin de
donner encore ce témoignage de leur
confideration pour les Gordiens.

On ne doit pas dire en fe fondant fur
le paffage de Zofime, que les Senateurs
ne fongerent pas à ce Gordien, parce
qu'ils avoient appris qu'il étoit peri fur
mer; car, la verité de ce fait qui eft tres-
faux, comme on le prouvera, étant fup-
pofée, ils n'avoient pas encore appris
cette nouvelle; mais feulement celle
de la mort des deux Gordiens, parce
que s'ils l'avoient apprife, les Hiftoriens
en auroient fait mention. De plus, comme il eft tres croyable, d'abord que les
deux Gordiens furent morts, l'un en
fe défaifant lui-même, & l'autre ayant
été tué dans la bataille contre Capelien,

que l'on partit en même-tems de Carthage, pour venir apporter à Rome la
nouvelle de cét evenement, avant que
de faire embarquer le jeune Gordien
que l'on pretend, pour l'y tranfporter.
Si l'on obftine a foûtenir que celui qui
porta cette nouvelle étoit avec lui, il
auroit donc échapé du naufrage. Si ce
bonheur lui étoit arrivé, il en auroit
parlé à Rome, de même que du naufrage, & les Hiftoriens n'auroient pas
dû cacher cette circonftance.

Mais, on parle autrement de cét em-
barquement dans l'Hiftoire des quatre
Gordiens. Car, aprés avoir neanmoins
defigné le contraire dans l'Hiftoire, on
établit pour un fait dans les preuves, que
les deux Gordiens Afriquains l'avoient
envoyé eux-mêmes auparavant, parce
qu'il leur étoit tres important de conferver l'affection que le peuple de Rome avoit pour eux, & que *pour l'entretenir, il faloit lui montrer un objet auquel il pût s'attacher.* Rien n'eft plus ai-
fé que de répondre à cette objection,
qui n'a d'ailleurs aucune folidité.

Si les Gordiens euffent eu avec eux le
Gordien que l'on fuppofe, ils fe feroient

bien gardez de l'envoyer à Rome avant
que d'avoir appris de quelle maniere
l'élevation de l'un des deux y auroit
été reçuë. Mais, il y a grande apparence qu'ils moururent l'un & l'autre
avant que d'en avoir reçû la réponse,
parce qu'il n'y eut qu'un mois d'intervalle entre leur élection faite par le Sénat, & la nouvelle de leur disgrace portée
à Rome, eu égard au voyage pour aller
& pour venir par mer, aux circonstances, & aux accidents qui pouvoient y
apporter du retardement. Ajoûtez encore que les Gordiens n'avoient pas besoin de la précaution qu'on leur fait
prendre pour conserver l'affection du
peuple Romain, puis qu'ils y avoient
un autre Gordien, qui est Gordien
Pie, comme il n'y a pas lieu d'en douter.

En second lieu, de ce que les Séna-
teurs en faisant le choix de Balbin &
de Pupien, n'eurent point d'égard au
Cesar qu'ils avoient proclamé au mois
de Mai, je tire un argument qu'ils
n'avoient point fait de proclamation en
ce tems-là, comme en effet toutes les
apparences sont qu'ils n'en avoient point

fait. Car, si ils en eussent fait une, pour
se delivrer de la violence qu'on leur
faisoit, & sans se rassembler une autre
fois pour faire une nouvelle proclamation, ils n'avoient qu'à dire qu'elle
avoit déja été faite par leur Arrêt secret precedent, & qu'il n'étoit point
necessaire de la faire une seconde fois,
le peuple se seroit appaisé, & ils se se-
roient épargné la peine de faire une
chose aussi extraordinaire que celle qu'ils
firent alors, comme on l'a remarqué
cy-devant avec Capitolin. Encore une
fois, cela joint avec ce qui a été ob-
servé & avec ce que l'on remarquera
encore sur ce sujet, laisse à douter
fortement qu'il y ayt eu une proclamation de Cesar faite au mois de Mai.
Mais l'on dira, le contenu de l'Arrêt
du Senat est exprés là-dessus, & l'on
ne peut pas ôter ces paroles qui témoi-
gnent si positivement le contraire. Je
répons à cela qu'il y a dans le même
Capitolin, des passages qui ne sont pas
dans leur lieu, comme dans la harangue de Maximin, que nous examinerons,
& qu'il se peut faire aussi que celui-ci
ne soit pas dans sa place, & que c'est

une partie, où l'Arrêt entier du Senat,
par lequel Gordien Pie fut declaré Cefar au mois de Juin. Ainfi, l'on peut
croire qu'il y a de l'alteration dans celui du mois de Mai, & il fuffit que
la raifon ferve d'indice à s'apperçevoir
qu'il y en a. Ce qui peut encore fervir à prouver que le Senat ne fit point
alots de proclamation, eft qu'il n'étoit
pas befoin qu'il la fît, parce que du
moment que les Gordiens furent declarez Empereurs, c'étoit proprement
à eux à declarer Cefar, celui, ou ceux
qu'il leur plairoit, & ils n'auroient pas
voulu le faire, qu'aprés avoir reçu la
nouvelle de cette declaration. Le vieux
Gordien en a lui-même donné une
preuve, en ce qu'il ne voulut pas declarer Cefar fon propre fils, qu'il avoit
auprés de lui, fur la fimple élection que
le peuple d'Afrique avoit faite de fa
perfonne pour Empereur. Ainfi, quand
le Senat proclama Cefar, Gordien Pie,
c'eft que ni l'un, ni l'autre Gordien ne
l'avoient point fait, & n'avoient pas
eu le tems de le faire, & qu'il fut
contraint de donner cette fatisfaction au
peuple.

S'il n'y a pas eu deux Gordiens Cefars, on demandera pourquoi il y a
une fi grande diffemblance dans quelques Medailles frapées avec ce titre,
d'avec celles de Gordien Pie Empereur. J'ay a donner une réponfe pré-
cife fur cette inftance. Mais, en atten-
dant que je la donne, je demande
auffi de mon côté, pourquoy tant de
diffemblance dans les Monoyes, dans
les Medailles, & dans les Medaillons
de Loüis quatorze? Dira-t-on qu'il y a
autant de Louis quatorze qu'il y a de
ces pieces differentes, & qui ne fe ref-
femblent pas quant au Portrait? C'eft
affez qu'il foit conftant qu'il n'y a eu
qu'un Gordien Cefar, & non pas deux
pour lui attribuer toutes les Medailles
qui portent le nom de Gordien Cefar, quelque diffemblance qu'il puiffe
y avoir dans les Portraits, de même
qu'il fuffit que l'on fçache qu'il n'y a
qu'un Loüis quatorze, pour lui attribuer toutes les Monoyes, toutes les Medailles, & tous les Medaillons qui portent fon nom, quoi qu'il y en ait un
grand nombre d'une difference fi nota-
ble, qu'on ne peut pas l'y reconnoître.

Quoi qu'il paroisse évidemment de ce qui a été dit cy-dessus ; qu'il n'y avoit en Afrique que deux Gordiens, le pere & le fils, & que le quatriéme que l'on suppose, n'y étoit pas : neanmoins, il faut encore montrer que le passage de Zosime dont on se sert pour faire voir qu'il y étoit, & qu'il fût noyé, ne signifie pas ce qu'on veut qu'il doive signifier. Le voici : Τὴν ἐκ Λιβύης, τῶ βασιλέω ἀνέμενον ἄφιξιν. Τῶν δὲ βίᾳ τοῦ χειμῶνος ἐν τῷ πλεῖν ἀπολομένων, Γορδιανῷ θατέρου τούτων ὄντι παιδὶ, τὴν τῆς ὅλης ἡγεμονίας ἡ γερουσία παρέδωκεν. Ils attendoient que les Empereurs arrivassent d'Afrique, mais étant peris par la violence d'une tempête en passant la mer, le Senat donna la puissance souveraine à Gordien, fils de l'un des deux.

Zosime, comme il est aisé de le voir par la suite de son Abregé, ne veut dire autre chose par ces paroles, sinon que les deux Gordiens Afriquains, & non pas un Cesar, étoient attendus à Rome. Il s'explique fort clairement, & d'une maniere qu'il n'y a pas lieu de rien changer pour lui faire dire autre chose. S'il y avoit quelque chose à changer

ger

ger, comme on le pretend, ce feroit
τῶ βασιλέως, τῦ Καίσαρος, & ce ne feroit
plus alors le changemént d'un fimple
article du plurier au fingulier; mais
d'un article & d'un mot, & au lieu de
τῶ ἀπολομψων il faudroit auffi écrire,
τῦ ἀπολομψύ. Mais par ces changements,
on feroit dire à Zofime tout autre chofe qu'il n'a eu intention de dire. Il
n'y à qu'à le lire pour être convaincu
de cette verité. Il faut avoüer que l'on
à de tres grandes obligations à la Critique, & à ceux qui s'en font fervi pour
reftituer une infinité de paffages des
anciens Auteurs, qui en avoient befoin.
Mais, elle veut être mife en ufage avec
grande prudénce, & pour corriger un
paffage, il faut qu'il y ait au moins apparence de corruption, autrement ce
n'eft pas le corriger, c'eft le gâter. Ce
n'a pas été affurément l'intention de
l'Auteur de l'Hiftoire des quatre Gordiens, de corrompre celui de Zofime.
C'eft feulement le zele qu'il a eu pour
deffendre une mauvaife caufe, qui l'a
obligé de recourir à tout ce qui lui
a paru plaufible pour pofer fon fyfte-
me.

B

Il pousse plus loin la conjecture sur
sa correction, & voici comme il raisonne avec beaucoup de subtilité. Pourquoi Zosime parle-t-il d'un naufrage
dans lequel il fait perir les deux Gordiens Afriquains? On sçait que ces
deux Empereurs ont fini leur vie d'une
autre maniere. Il faut bien qu'un Gordien soit péri par un naufrage. Car,
ç'auroit été une témerité insuportable
d'en parler, & ce Gordien est le quatriéme dont il est question.

Cette consequence est si foible, qu'elle
ne merite presque pas qu'on y réponde.
N'est-il pas aussi clair que le jour, que ce
naufrage est une chimere, & une fausseté
manifeste que Zosime avance? Ne doit-
on pas en juger de deux autres fausse-
tez tres grossieres qu'il debite au même
endroit dans un tres petit espace, quand
il fait succéder Gordien troisiéme im-
mediatement à Maximin, sans dire un
seul mot ni de Pupien, ni de Balbin,
& quand il éleve le même Gordien à
l'Empire, lors qu'il ne fut fait que Cesar? Aprés cela, je ne puis souffrir les
loüanges outrées qu'on lui donne. Au
contraire, ne doit-il pas être blâmé

de n'avoir pas lû au moins Herodien
& Dexippe, Historiens de sa nation,
qui lui auroient appris de quelle maniere étoient morts les deux Gordiens?
S'il l'avoit fait comme il le devoit, il
n'auroit rien avancé que de vrai dans son
Abregé, dont on doit faire peu de cas
aprés cette negligence.

Au lieu de la consequence que l'on
tire de cette erreur de Zosime, qui n'est
point pardonnable, Saumaise traite
ce naufrage de fable, & dit que ce qui
semble y avoir donné occasion, a été une
de ces tempêtes extraordinaires qui ar-
rivent quelques fois en Afrique, causées
par des vents impetueux du midi, qui
remplissent l'air de sable qu'ils enlé-
vent. Car c'est ainsi que l'on doit
entendre ces tempêtes, & non pas
d'une pluye orageuse, comme il semble qu'on veut les expliquer dans
l'Histoire des quatres Gordiens. Cette
tempête donc, comme le rapporte Capitolin, mit l'armée du jeune Gordien
Afriquain, dans un desordre si grand,
que Capelien étant venu l'attaquer alors,
outre qu'elle n'étoit composée que de
gens de peu d'experience, ses soldats

qui avoient le vent favorable, n'eurent pas de peine à la battre & à remporter la victoire. *Fuit præterea ingens, quæ raro est in Africâ, tempestas, quæ Gordiani exercitum ante bellum, ita dissipavit, ut minus idonei milites prælio fierent, atque ita facilis esset Capeliani victoria.*

C'est-là le jugement de cet illustre Critique. Il avoit trop de lumiere pour ne pas apporter une correction à ce passage de Zosime, s'il en avoit eu besoin, & pour n'y pas déveloper un quatrieme Gordien, s'il n'étoit pas aussi positif qu'il l'est, pour signifier, quoi que faussement, que les deux Gordiens Empereurs étoient peris sur mer, & non pas un quatriéme Gordien, tel qu'on le s'imagine.

Cette pensée de Saumaise sur le genre de mort des deux Gordiens Africains, rapporté par Zosime, si contraire à ce que les autres Historiens en ont écrit, m'en fit naître une autre qui plaît fort au sage & au docte M. Boivin de la Bibliotheque du Roi, sçavoir, qu'il pouvoit bien y avoir de l'erreur dans le texte de cet Auteur, & que le mot

de πλεῖν pouvoit estre l'abréviation de
πολεμεῖν, & qu'au lieu d'*inter navigan-*
dum, il falloit expliquer, *inter pugnan-*
dum. Nous consultâmes le Manuscrit
grec de Zosime de la Bibliotheque du
Roi, & au lieu de πλεῖν nous y trou-
vâmes le mot de πιῖν, qui ne signifie
rien, & qui peut être pris aussi bien
pour une abreviation de πολεμεῖν, que de
πλεῖν. Cela nous fortifia davantage dans
la conjecture, qu'il faut lire veritablement πολεμεῖν, & non pas πλεῖν. Nous
conclûmes même qu'un Copiste demy
sçavant, avoit écrit πλεῖν, au lieu de
πολεμεῖν, ayant crû qu'il n'y avoit des
tempêtes que sur mer. Si l'on y fait
bien reflexion, l'on ne doutera presque
pas que Zosime n'ait écrit πολεμεῖν, pour
se conformer à la verité de l'histoire,
puis qu'en quelque façon, ce fut cette
tempête de terre, qui fut cause de la
perte de l'un & de l'autre Gordien
Afriquain. Ainsi on n'auroit plus le pretexte de dire que quelque Gordien s'est
noyé en passant la mer.

Mais sans nous arrêter à cette correction, quoi que je la tienne tres-juste,
concluons qu'on ne peut tirer aucun

avantage du texte de Zosime, pour soûtenir qu'un Gordien soit péri sur mer,
ni encore moins, que ce pretendu Gordien ait été le quatriéme. Toutes les
figures de Rhetorique que l'on étale
pour persuader que Zosime avoit puisé
dans quelques Memoires, qu'un Gordien
s'étoit noyé, & qu'il s'est trompé de
bonne foy en écrivant que cét accident étoit arrivé aux deux Gordiens,
sont tres mal employées, puis qu'elles
le sont pour une cause qui tombe d'elle
même.

Examinons presentement si la harangue que Maximin fit à ses soldats, aprés
avoir reçû la copie de l'Arrêt secret du
Senat, est aussi forte qu'on se le promet,
pour prouver que l'on doit admettre
le même quatriéme Gordien Cesar.
Vous verrez qu'elle l'est aussi peu que
les passages ausquels on a déja répondu.
Quoiqu'elle soit un peu longue, neanmoins, il est à propos de la rapporter
ici toute entiere, afin que vous puissiez
mieux juger des remarques dont elle sera accompagnée.

*Commilitones rem vobis notam proferi-
mus. Afri fidem fregerunt. Quid dicam,*

fregerunt. Nam quando tenuerunt? Gor-
dianus) senex debilis, & morti vicinus
sumpsit Imperium. Sanctissimi autem P. C.
illi, & qui Romulum & Cæsarem occi-
derunt, me hostem prædicaverunt, cum
pro his pugnarem, & ipsis unicerem. Nec
solum me, sed etiam vos & omnes qui
mecum sentiunt, quos & Senatui accep-
tissimos, & sibi adversissimos esse crede-
bant. Quare factum est ut diximus, ut
Gordianum adolescentulum peterent, qui
statim factus est. Nec prius permiss sunt
ad Palatium stipati armatis ire, quam
nepotem Gordiani, Cæsaris nomine nuncu-
parent, & Gordianum patrem ac filium,
Augustos vocarent. Ergo, si viri estis, si
vires habetis, eamus contra Senatum &
Afros, quorum omnium bona vos habe-
bitis.

Dispensez-moi je vous prie, de rendre cette Harangue en nôtre langue. Je
ne suis pas assez habile pour vous faire
un sens raisonnable de ces mots *quos*
& Senatui acceptissimos, &c. parce qu'ils
n'ont pas de liaison avec ce qui precede, non plus que; *Quare factum est*
&c. comme vous pouvez le voir vous
même. Vous en sçaurez bien-tôt la raison.   B iiij

On dit dans l'histoire des quatre Gordiens pretendus, que cette harangue de Maximin a toûjours passé pour la veritable, & l'on prepare par là les esprits à trouver bon, que l'on en tire les consequences dont l'on a besoin, parce qu'il y en à deux autres, l'une rapportée par Capitolin dans ses *trois* Gordiens, & l'autre par Herodien. Mais il ne s'agit pas de sçavoir quelle est la veritable, les trois sont peut-être aussi peu veritables l'une que l'autre. Car, qui peut en être garant, puis que Capitolin en rapporte deux qui sont differentes? Il y a apparence qu'il ne sçavoit pas lui même laquelle avoit été prononcée par Maximin. S'il l'avoit sçû, il n'en auroit rapporté qu'une seule, & non pas deux, ou du moins il auroit designé celle à laquelle il falloit se tenir. C'est pourquoi l'on s'efforce inutilement de persuader, que celle qui est ici rapportée, est la veritable.

On ajoûte: *Il est vrai que presque tous les Sçavans ne songeant pas qu'il pouvoit y avoir un quatriéme Gordien, l'ont voulu reformer, & en ôter l'endroit que nous avons cité.* Tous ces Sçavans se

reduiſent a deux, à Caſaubon, & à
Saumaiſe, auſquels on fait un reproche de la reformation qu'ils ont euë
raiſon de faire. Mais, ces ſçavans hommes étoient bien éloignez de ſonger
qu'il y euſt, ou qu'il pût y avoir un quatriéme Gordien, & quand ils auroient
vû les Medailles qui ont induit l'Angeloni a y ſonger, & à lui donner l'exiſtence qu'il n'a jamais euë, ils n'étoient
pas gens à s'y laiſſer tromper. Car, s'il
y avoit eu dans les anciens Auteurs qui
parlent des Gordiens, quelque texte qui
pût donner le moindre ſoupçon qu'il
y en eût un, ils voyoient aſſez loin pour
s'en apperçevoir.

Sans parler de Saumaiſe, nous nous
arrêteront ſeulement à Caſaubon qui
a débroüillé la difficulté avec plus de
netteté. En examinant cette harangue,
& n'y trouvant pas un ſens ſuivy, &
remarquant outre cela, que Maximin y
diſoit qu'il avoit déja dit des choſes
dont il n'avoit point parlé, il reconnut
que tout ce qui paroît là ſi favorable
à l'opinion du quatriéme Gordien pretendu, étoit repeté en mémes termes
dans la vie de Balbin & de Pupien

B v

34 écrite par Capitolin, où il est fait mention de l'élection de Gordien Pie en
qualité de Cesar, & où il doit être
placé. Ce sage Critique n'en est pas de-
meuré là. Il a consulté les Manuscrits,
& il a trouvé dans un de ceux de la
Bibliotheque du Roi, que ce passage tout
entier ne s'y trouvoit pas dans cette harangue de Maximin, laquelle s'y lit
telle qu'il faut qu'elle soit, pour avoir
un sens qu'elle n'a pas dans les Livres
imprimez. Mais, il vaut mieux qu'il
s'explique lui-même, puis qu'il m'a
prévenu dans cette découverte que j'a-
vois faite avant que de l'avoir consulté.
Voici ce qu'il dit sur ces mots : *Quare factum est, ut diximus, &c.*

     » Où Maximin à t-il dit cela ? Où
» nous renvoyent ces paroles ? C'est en
» premier lieu ce qui m'embarasse dans
» cette harangue, & ensuite que Maxi-
» min fasse ici mention du troisiéme
» Gordien. Cependant, on dit que c'est
» là la premiere harangue qu'il fit, aprés
» avoir reçeu la nouvelle du change-
» ment du Senat en sa faveur, auquel
» tems on n'avoit pas encore pensé au
» petit fils de Gordien. Car, il y eut

» presque deux mois d'intervalle, de-
» puis la creation des deux premiers
» Gordiens, jusques à la désignation
» du troisiéme. De plus, aprés avoir par-
» lé du jeune Gordien, il parle du pe-
» re & du fils, en confondant l'ordre
» des choses, telles qu'elles étoient ar-
» rivées, & ce sont des defauts que
» l'on ne trouve point dans la harangue
» rapportée par Herodien, dans laquel-
» le il n'est fait aucune mention du
» troisiéme Gordien, ni d'autre cir-
» constance qui ait rapport à l'histoire
» des choses dont il s'agit. C'est pour
» cela que je me tiens au Manuscrit de
» la Bibliotheque du Roi, qui ne recon-
» noît point pour legitime, tout ce qui
» est en cét endroit, depuis *quos &*
» *Senatus*, jusques à *numenparent*. Mais
» pourquoi balancer ? Il est suffisam-
» ment constant que ces paroles ne peu-
» vent pas se rapporter ailleurs qu'à la
» creation de Balbin & de Maximus,
» ou Pupien. Cela est si veritable, qu'el-
» les sont repetées mot pour mot, dans
» le Livre que Capitolin a écrit de
» leur vie ; c'est là leur place legitime.
» Or, de sçavoir quelle avanture, ou

» plûtôt, quelle fureur a fait qu'elles
» se trouvent en cét endroit de la ha-
» rangue de Maximin, c'est ce qu'il est
» difficile de deviner. Suivons donc le
» Manuscrit de la Bibliotheque du Roi,
» & en les ôtant, écrivons ainsi. *Me
hostem judicarunt, cum pro his pugnarem, & ipsis vincerem. Nec solum me,
sed etiam vos, & omnes qui mecum sentiunt, & Gordianos patrem & filium,
Augustos vocarunt. Ils m'ont declaré ennemi, dans le tems que je combattois
pour eux, & que je remportois des vic-
toires à leur avantage. Ils s'en prennent
aussi à vous, & à tous ceux qui sont
bien intentionnez pour moi; & ils ont
appellé les Gordiens, pere & fils, Augustes.*

Il n'y a rien à ajoûter à cette correction si necessaire & si juste, & qui
donne à la harangue de Maximin, qui
n'étoit pas intelligible auparavant, le
sens, l'ordre, & la netteté qu'elle n'a-
voit pas. Je m'en étois apperçû comme je l'ay marqué, & tout autre qui
la lira avec attention, & qui ne sera pas
prévenu de la pensée d'un quatriéme
Gordien, qui n'est point, s'apperçevra

de la même obscurité que causent ces
paroles qui y ont été inserées si mal à
propos. Ce qui doit encore rendre la
correction plus incontestable, & plus autentique, c'est que non seulement la
raison & le bon sens veulent qu'on la
fasse, mais encore, qu'elle est confirmée
par le manuscrit de la Bibliothèque du
Roi, que j'ay aussi consulté après Casaubon, & ce Manuscrit doit être re-
gardé comme plus correct, que celui,
ou que ceux dont on s'est servi pour
faire la premiere édition de Capitolin,
que l'on a suivie trop scrupuleusement
dans les autres editions. Car, sauf le
respect que l'on doit à Saumaise, & à
Casaubon, ils ont eu tort de ne pas
faire imprimer chacun le texte de leur
Capitolin, conformément aux bons Manuscrits dont ils se sont seulement servi dans leurs Commentaires ; qu'un tres
petit nombre de Sçavans prennent la peine de lire.

Quoi que l'on puisse dire, voila un
de ces passages que l'on soûtient être
inexplicables, expliqué de la maniere
qu'il doit l'étre, sans le secours de l'o-
pinion nouvelle, & sans admettre un

quatriéme Gordien, qui s'évanoüit par
cét endroit, de même que par les autres.

Une autre marque visible que cette harangue, telle qu'elle est dans les
imprimez, est corrompuë, c'est que la
proclamation du Gordien duquel il est
parlé, se fait avec grand tumulte, ce
qui ne convient pas absolument à l'Arrêt du mois de Mai, lequel fut rendu
si tranquillement, & avec si peu d'oppo-
sition, que personne n'en sçut rien,
parce qu'il fut secret. Elle doit donc
se rapporter à l'Arrêt du mois de Juin.
Mais, Maximin fit cette harangue im-
mediatement aprés avoir reçeu la nouvelle de celui du mois de Mai, & il
ne doit avoir reçeu celle de celui du
mois de Juin, que long-tems aprés.

Si l'on nous renvoye encore au passage de l'Arrêt secret du Senat, on re-
pliquera que la harangue de Maximin
étant corrigée, comme elle doit l'être,
& Maximin ne parlant pas d'un Gordien
proclamé Cesar, de même qu'il n'en
parle pas dans la harangue que Herodien lui fait prononcer, il est manifeste
que l'Arrêt secret du Senat, qui lui
avoit été envoyé, n'en parloit pas aussi,

C'eft une confequence tres naturelle, laquelle ne doît pas étre conteftée, & qui prouve en même-tems, que ce qui y marque la proclamation d'un Cefar, ne s'y trouvoit pas, & qu'il y à depuis été ajoûté & inferé fans raifon, & par la même fureur dont parle Cafaubon. C'eft ce qui me confirme encore davantage dans le fentiment que j'ay marqué plus haut, fçavoir, que ces paroles font partie, ou même l'Arrêt entier du Senat, par lequel Gordien Pie fut declaré Cefar au mois de Juin. Enfin, aprés tout ce qui a été rapporté, je ne crois pas qu'il y ait de la temerité de dire, que le Gordien pretendu quatriéme eft imaginaire & chimerique, & ce qui fuit le confirme encore davantage.

Capitolin, en parlant du jeune Gordien Afriquain, dit : *Cordus dicit eum uxorem, nunquam habere voluiffe. Contra, Dexippus putat ejus filium effe Gordianum tertium, qui poft hoc cum Balbino & Pupieno, five Maximo, puerulus adeptus eft Imperium. Cordus dit que jamais il ne voulut avoir de femme : au contraire, Dexippe croit que Gordien troi-*

fiéme, lequel étant encore enfant par-
vint à l'Empire avec Balbin & Pupien,
ou Maximus, est son fils. Junius Cordus, Historien Romain, assure que jamais le jeune Gordien Afriquain ne
voulut avoir de femme. Au contraire,
Dexippe, Historien grec, croit seulement que Gordien troisiéme étoit fils
du jeune Gordien Afriquain. Il le croit
seulement, il ne l'assure pas. Lequel
est le plus croyable de l'Historien Romain, ou de l'Historien grec, sur un
fait purement Romain? De celui qui
assure, ou de celui qui croit? Il n'y a
pas de difficulté que Junius Cordus doit
étre crû, & non pas Dexippe. Or ce
jeune Gordien Afriquain n'a pas voulu se marier, donc il n'y a pas un Gordien qui ait été son fils, & qui ait été
Cesar, comme on l'affirme si fortement dans l'Histoire des quatre Gordiens. Donc on ne peut pas dire qu'il
y ait un quatriéme Gordien. Donc le
quatriéme Gordien est imaginaire.

Le même Capitolin, en parlant de
Gordien Pie, dit encore : *Hic natus est,*
ut plures asserunt, ex filia Gordiani
unus, aut duo, nam plures invenire non

potui, ex filio qui in Africa periit.
Comme plusieurs l'assurent, il est né de
la fille de Gordien, & comme un ou
deux le pretendent, car je n'en ay pû
trouver davantage, de son fils qui pe-
rit en Afrique. Le nombre des Auteurs
qui disent, que Gordien Pie est né de
Mettia Haustina, fille du vieux Gordien Afriquain, est si grand, que Capitolin ne le détermine pas. Mais, il
n'a pû en trouver qu'un, ou deux qui
ayent écrit qu'il étoit fils du jeune
Gordien Afriquain. Dexippe est cer-
tainement l'un de ces deux Auteurs,
puis qu'il le cite plus haut sur le même sujet. Le second pourroit être Zosime, qui dit dans le passage qui a été
cité, que Gordien Pie étoit fils de l'un
d s deux, & qu'il entend parler du
jeune Gordien Afriquain. Mais, comme
lui & Capitolin étoient à peu prés
contemporains, je ne sçai si l'on pourroit croire que Capitolin eût lû l'Ouvrage de Zosime, où même qu'il l'ait connu
ou qu'il ait entendu parler de lui. Quoi
qu'il en puisse être, ce témoignage sert
à faire connoître que Gordien Pie étoit
petit fils du vieux Gordien Afriquain,

par Mettia Fauſtina, fille de cét Empereur, & pour confirmer que le jeune Gordien Afriquain n'avoit point d'enfans, & par conſéquent qu'on ne peut pas en produire un qui ait été Ceſar.

En voici un autre du même Capitolin, qui le marque encore aſſez ouvertement. Il dit en parlant du vieux Gordien : *Affectus, ſuos unicè dilexit, filium & nepotem ultra morem, filiam & neptem, religioſè.* Dans les dernieres années de ſa vie, il aima ſa famille d'une affection ſinguliere, ſon fils & ſon petit fils, plus que les peres n'ont de coûtume, ſa fille & ſa petite fille, religieuſement. Il n'eſt ici fait mention que d'un petit fils, & non pas de deux, & ce petit fils eſt Gordien Pie, fils de Mettia Fauſtina, ce qui ne doit plus ſouffrir de conteſtation, & non pas un autre. Si le vieux Gordien avoit eu deux petits fils, c'étoit ici le lieu d'en faire mention, & Capitolin l'auroit fait, s'il en avoit eu deux veritablement. Il n'y parle que du Gordien troiſiéme, que deviendra le quatriéme ?

L'on dira peut-étre, l'on avoüe que

le jeune Gordien Afriquain ne s'eſt
point marié; mais il a eu des concubines, & juſqu'au nombre de vingt,
comme il eſt marqué dans Capitolin,
dont il a eu des enfans, & quelqu'un
de ces enfans aura été fait Ceſar.

On répond qu'il peut auſſi n'en avoir pas
eu, comme il arrive fort ſouvent dans
les païs, où il eſt libre d'avoir autant
de femmes qu'on en veut. Mais, quand
cela ſeroit, il faudroit prouver qu'un
fils né d'une concubine, & non pas
d'un mariage contracté ſuivant les loix
Romaines, ait jamais été fait Ceſar, ou
Empeteur Romain. Si cela avoit été,
c'étoit une particularité que les Hiſtoriens n'auroient pas oubliée, & Capitolin avoit lieu de s'en expliquer en
parlant de ces concubines. Mais, cela
n'eſt point, & je ne veux pas croire
que dans l'opinion nouvelle, on ait eu
l'intention de faire naître le quatriéme Gordien, d'une concubine. Il reſte
donc que ceux qui ſe ſont engagez à
la ſoûtenir, tombent d'accord que ce
quatriéme Gordien eſt imaginaire, &
qu'ils connoiſſent ſeulement les trois
Gordiens qu'ils connoiſſoient aupara-

vant, avec tous ceux qui ont de l'a-
mour pour l'histoire Romaine, & pour
les Medailles.

Mais, après avoir rendu inutiles les
autoritez tirées des Auteurs sur lesquelles on s'appuya dans l'histoire des
quatre Gordiens, pour établir le quatriéme, vous auriez sujet cher Philale-
the, de n'étre pas entierement satisfait, si je negligeois la preuve qu'on
y apporte du côté des Medailles, laquelle semble d'autant plus forte, que
les Antiquaires s'y attachent particulierement, à cause des découvertes qu'ils
ont faites par leur moyen, dont on
ne trouve rien dans les Auteurs. Il
semble même par le titre d'Histoire prouvée par les Medailles, qu'on se fait
fort sur cette preuve unique, sans se
mettre en peine de ce que les Auteurs
disent au contraire. Je ne l'ignore pas,
& je n'avois garde aussi de passer cette preuve sous silence, parce qu'en effet
je croirois n'avoir rien fait pour convaincre sur cette nouveauté, ceux qui
l'ont fait revivre, si je ne faisois voir encore que les Medailles dont ils ont pris
occasion de lui donner plus de jour,

font veritablement des Medailles de
Gordien Pie, & non pas de leur quatriéme Gordien. Mais, il n'eſt pas moins
neceſſaire que je le faſſe pour l'amour
de vous, afin que vous n'ayez aucun
ſcrupule ſur cette diſpute, qui vous
empêche de prendre le party que
vous devez. Vous ſerez perſuadé de
la verité que j'ay avancée, ſi vous con-
tinuez de lire ma lettre avec la même patience que vous avez lû ce qui
precede.

Sans m'arrêter au long diſcours dont
l'Auteur de l'Hiſtoire des quatre Gordiens ſe ſert pour tâcher d'arriver à
ſon but, qui eſt de perſuader que l'inſ-
pection ſeule des Medailles qu'il pro-
poſe, doit reſoudre la difficulté, & faire conclure qu'il y a un Gordien different de Gordien Pie, ſa preuve abou-
tit à un fait, qui eſt, à ce qu'il ſoûtient,
que les Medailles, & particulierement
celles d'argent, du prétendu quatriéme
Gordien, ſont entierement differentes
de celles de Pupien, & de Balbin, &
*qu'elles ne leur reſſemblent nullement, ni
pour la quantité, ni pour la qualité du
métail; & qu'ainſi elles ne peuvent*

pas appartenir à Gordien Pie, parce que ses Medailles ayant dû être frapées sous ces deux Empereurs, il s'enfuit qu'elles ne doivent pas avoir une difference si remarquable, mais une uniformité en toutes choses. Il ajoûte : *Les Medailles de nôtre Gordien sont d'un argent fin, rondes, & beaucoup mieux travaillées que celles de Balbin & Pupien qui sont d'un aloy, où il entre les trois quarts d'empirance, & d'une rondeur fort negligée.*

A la verité, ce seroit là un argument d'un grand poids, & qui contre-balanceroit extremement les autoritez des Historiens, qui conspirent toutes à ne reconnoître que trois Gordiens seulement, si le fait que l'on avance étoit veritable. Mais avant que d'en parler si affirmativement, il falloit avoir vû d'autres Cabinets de Medailles antiques que ceux où l'on n'a remarqué que des Medailles de Balbin & de Pupien, *qui sont d'un aloy où il entre les trois quarts d'empirance, & d'une rondeur fort negligée.* Car, dans d'autres Cabinets, on en auroit remarqué de ces deux Empereurs, qui sont de la même

quantité, & de la même qualité de
métail, d'un argent fin, rondes, &
aussi bien travaillées que celles du pretendu quatriéme Gordien Cesar.

Quoi que je n'aye point de pretention
à la gloire d'étre un grand Antiquaire,
néanmoins je n'ai pas laissé que d'en voir,
& Mr Vaillant, qui est du consentement de tout le monde, le plus habile de tous ceux qui portent ce nom,
que j'ay consulté là-dessus, m'a montré dans son Cabinet, un Pupien tel
qu'on nous represente le Gordien Cesar, & il m'a assuré qu'il avoit vû des
Pupiens & des Balbins semblables dans
le cabinet du Roi, & dans d'autres qu'il
a vûs.

Je puis aussi rendre témoignage de
ceux qui sont dans le Cabinet du Roi,
parce que M. Oudinet qui en a la garde, m'a fait la grace de me les montrer.

Cela étant très constant, comme il
l'est, on ne peut plus soûtenir que
les Medailles de Gordien Cesar, n'ayent
été frapées sous Pupien & Balbin, &
le fondement sur lequel on s'appuyoit
pour le soûtenir, ne subsiste plus. Ces

Medailles de Gordien Pie avec le titre de Cesar, car elles sont de lui, & non pas d'un autre, & celles de Balbin & de Pupien, qui sont tres rares, font voir que c'est sous ces deux Empereurs que s'est fait le changement des Medailles du bon en bas aloy, & apparemment peu de temst aprés leur élevation à l'Empire, à cause des necessitez pressantes de l'Etat. Si l'on n'en à point frapé au coin de Gordien Pie Cesar, c'est à cause que l'on s'est contenté d'en fraper dans le tems de sa proclamation, pour en être une marque, ou pour d'autres raisons qui ne nous font point connuës, & que depuis ce tems là on a negligé de lui en fraper de bas aloy, semblables à celles des deux Empereurs.

Ce n'est pas encore assez, on aura recours à la difference sensible du portrait de Gordien Pie Cesar, d'avec le portrait de Gordien Pie, Empereur, & à la grande habileté des Monetaires Romains, qui attrapoient si bien la ressemblance des Cesars & des Empereurs dans leurs Medailles, & dans leurs Medaillons.

Il y a

Il y à premierement deux choses à répondre à cette objection. La premiere est, que Gordien Pie n'avoit point paru en public que le jour auquel il fut proclamé Cesar, & que les Monetaires n'estant pas accoûtumez à le voir, n'attraperent pas d'abord sa ressemblance, nonobstant toute leur habileté. La seconde réponse est, que le même Gordien étant alors agé d'onze ans seulement, ou de treize, comme d'autres l'ont écrit; & comme l'on change ordinairement de traits à cet âge, il se trouva en effet qu'il en avoit entierement changé dans l'espace d'environ un an qu'on ne lui frapa point de Medailles, ou que les Monetaires eurent toute la liberté de l'observer à loisir, & qu'ils attraperent enfin sa ressemblance dans les Medailles que l'on à de lui, sous le titre d'Empereur.

Secondement, nonobstant la chaleur avec laquelle on parle de cette dissemblance, elle n'est pourtant pas si grande que l'on a entrepris de la dépeindre, & par le discours, & pa une Medaille gravée que l'on a representée, telle que l'on a eu dessein qu'elle le fût, & non pas telle qu'elle est en effet dans son original. Car, en comparant à l'œil les Medailles de Gordien Pie, Cesar, avec celles de Gordien Pie, Empereur, qui ont été frappées les premieres aprés son avenement à l'Empire; on observe dans celles-ci tant de traits qui paroissent dans les autres, qu'on reconnoît aisément que c'est la même personne qui est representée dans les unes & dans les autres, & ceux qui ont une longue pratique des Medailles ne s'y trompent pas.

On ne doit donc plus se prévaloir du fait que l'on a avancé, & que l'on tenoit si certain, de la difference des Medailles d'argent de Gordien Cesar, pour la quantité, & pour la qualité du métail, d'avec celles de Pupien & de Balbin; puis qu'il y en a de semblables de ces mêmes Empereurs. On ne doit pas aussi s'arrêter à la dissemblance que l'on exagere beaucoup au delà de ce qu'elle est dans la verité. En ajoûtant à cela les autoritez des Historiens, il n'y a plus rien qui ne concourre à maintenir constamment, & incontestablement, les seuls trois Gordiens que l'on a toûjours connus jusqu'à présent, & à renvoyer le quatriéme dans la Sphere des êtres imaginaires, d'où l'Angeloni l'a fait sortir.

Je n'entreprends point de rien dire en particulier pour la deffense de Capitolin, qui est si maltraité dans l'Histoire des quatre Gordiens. Tout le mal que l'on en dit, n'est que l'effet du chagrin que l'on a de ce que cét Auteur est si précis en faveur de trois Gordiens seulement, les ayant joints tous trois ensemble dans un seul Livre adressé au grand Constantin. S'il y avoit eû la moindre apparence d'un quatriéme, peut-on s'imaginer, qu'il eût voulu le dissimuler, ou le cacher à un si puissant Empereur? Jamais on ne pourra le croire, pourvû qu'on n'ait pas l'imagination remplie d'une prévention mal fondée. Mais, Capitolin ne pouvoit point parler d'une chose qui n'étoit pas, & dont aucun Historien n'avoit parlé.

Disons, que ce n'est pas à nous à

gloſer ſur les ouvrages des anciens, &
qu'aprés quatorze ou quinze ſiecles,
on vient trop tard pour controller un
Hiſtorien, ſur des faits dont il étoit
ſi voiſin, & qu'il avoit trouvez, autant qu'il le paroît, dans les Hiſtoriens
contemporains. Le mal que je trouve
encore, c'eſt que nous ne tirons pas
des conſéquences du texte des Auteurs;
mais, que nous voulons à tort & à
travers, que leur texte, méme en le
corrompant, ſerve de conſequence à
nos préoccupations. Mais, la bile que
l'on répand contre Capitolin n'empé-
chera point qu'il ne paſſe toûjours pour
un Auteur auquel on à l'obligation de
mille particularitez de l'Hiſtoire Romaine, que l'on ne trouve pas ailleurs.

J'ai déclaré au commencement de
ma Lettre, que je ne dirois rien directement contre l'Hiſtoire des quatre
Gordiens, pour m'attacher uniquément
aux preuves. Je ne puis pourtant pas
me diſpenſer de vous avertir d'une
mépriſe remarquable que vous y trou-
verez p. 37. où il y a, *Suffetes*, au lieu
de *Suffecti*, ces *Suffetes* étoient dans la
Ville de Carthage, ceux qui avoient

l'administration des affaires de la Ville, de même que les Consuls à Rome, & ce mot tire son origine, de l'Hebreu, *Sophetim*, Juges. Les *Suffecti*, étoient à Rome ceux qui entroient dans l'exercice du Consulat pendant le cours de l'année, à la place de ceux qui y étoient entrez au commencement, c'est à dire au mois de Janvier. L'Auteur s'est trouvé l'esprit tellement rempli de Carthage, en y cherchant le quatriéme Gordien qui n'y étoit pas, qu'en parlant de Rome, il y a trouvé les *Suffetes*, au lieu des *Suffecti*, à cause de la ressemblance des deux mots.

Je n'oublieray pas aussi une chose qui a été remarquée par tous ceux qui ont lû cette Histoire, à sçavoir, le double ff, repeté par tout l'ouvrage dans les mots d'*Affrique*, *Affricanus*, *Affricani*, Affriquain, & ce qui est encore pis, dans AFFR. cité des Medailles, où l'on lit AFR. par une seule F. Mais, il n'y à pas à s'étonner qu'une personne qui double Gordien Cesar, & les *Suffetes*, double encore les lettres sans necessité.

Je pourrois me flater que l'Auteur

de cette Histoire, qui proteste à la
fin de son Ouvrage qu'il est prêt de
se rendre, si on peut le convaincre
qu'il a tort, se rendroit veritablement
si cette lettre tomboit entre ses mains,
& qu'il voulût bien la lire avec attention. Mais, nonobstant la force de la
réponse à ses preuves, comme je me
souviens d'une parole tres remarquable d'une personne de grande conside-
ration, & d'un merite tres distingué,
qui disoit qu'il ne falloit jamais avoir
la presomption de pouvoir persuader
son sentiment, à qui que ce fût qui
en auroit un autre sur le même sujet,
parce que connoissant l'homme en lui
même comme il le connoissoit, il sçavoit la tendresse qu'il avoit pour toutes les productiont de son esprit; je n'ai
pas aussi la pensée de croire que la verité que ja'y deffenduë, toute claire
qu'elle est, puisse, estre embrassée par
une personne qui a pris tant de plaisir,
& qui s'est donné tant de peine à soûtenir le contraire. Tout ce que je pou-
rois esperer, seroit, que ceux qui ne sont
pas déja engagez dans le même parti,
étant plus disposez à distinguer le vrai

d'avec le faux, en comparant les preuves contestées, avec ce que l'on y a repondu, entreront sans difficulté dans la cause des trois Gordiens. Quoi qu'il en puisse être, j'ai la consolation d'avoir travaillé dans la seule veüe de découvrir la verité, & de pouvoir dire que j'ay eu le bonheur de la rencontrer.

Enfin, il me semble que j'ay satisfait vôtre curiosité, & que j'en ay assez dit pour vous délivrer des doutes que la nouvelle opinion des quatre Gordiens avoit pû vous faire concevoir, & que vous demeurerez persuadé que l'on n'en doit recevoir que trois avec les Historiens, & suivant les Medailles; nonobstant la dissemblance de celles que l'on allegue, lesquelles sont sans difficulté, des Medailles de Gordien Pie troisiéme, & non pas d'un quatriéme comme on a voulu le supposer.

FIN.